Lisa Angermann

Zusammen isst man weniger allein

Inhalt

L lernwillig, leistungsorientiert
I interessiert, vor allem kulinarisch
S strukturiert, schnell
A anders als ANDERE !!!

Liebe LISA,

ich kann mich noch bestens erinnern, es liegt schon ein paar Jahre zurück, Sie hatten sich bei mir im Restaurant FALCO: LEIPZIG um die Stelle als Auszubildende/Köchin beworben. Auf Anhieb fand ich Ihre Bewerbung individuell, unangepasst anders, provokant sympathisch!

Aber: Sie waren zu diesem Zeitpunkt einfach verdammt jung!!! Jung sein ist kein Verbrechen ;-) – ich stelle aber generell NIEMANDEN unter 18 Jahren ein!

Ich habe Sie trotzdem zum Vorstellungsgespräch eingeladen. Um es kurz zu machen – ich war schnell von Ihnen überzeugt und habe gespürt, dass Sie DIE RICHTIGE sind für diesen wunderschönen, aber auch knallharten Beruf.

Knapp zwei Jahre später standen Sie in meiner HALL OF FAME-Küche in der 27. Etage, 100 Meter über LEIPZIG – bereit für die Ausbildung im FALCO.

Ja, und nun haben Sie 2017 in der Koch-Challenge „The Taste" alle an die Wand gekocht! Einfach GEIL!!! Glückwunsch! GROSSARTIG!

Für mich die logische Konsequenz, dass Sie nun mit Unterstützung Ihrer Eltern Ihren Weg zielstrebig und mit Enthusiasmus weitergehen. Der Spirit für absolute Frische und Qualität sowie das notwendige Fünkchen kraftvolle, mutige Innovation haben Sie schon bei mir im FALCO ausgezeichnet. Sie haben Ihre eigene kulinarische ID entwickelt, wie die kreativen Rezepte in diesem Buch – Ihrem ersten ganz eigenen Kochbuchwerk – unmissverständlich zeigen.

Sie gehen konsequent Ihren eigenen Weg – das ist richtig so!

Alles erdenklich Liebe und Gute für Sie, Ihre Familie und den Inner Circle!!!

Herzlichst, Ihr
PETER MARIA SCHNURR
ehemaliger Chef & Mastermind

Die Gemeinsamkeit feiern

Nach einer kulinarischen „To go"-Ära ist der Wunsch, die Tradition des gemeinsamen Essens wieder stärker zu pflegen, auch bei den jüngeren Generationen deutlich spürbar. Dieser Trend entspricht absolut dem, was ich persönlich liebe, darum möchte ich das gemeinsame Essen in diesem Buch mit euch feiern. Gründe beziehungsweise Anlässe dafür gibt es eigentlich immer – das Barbecue, der Mädelsabend, der Kaffeeklatsch oder einfach nur der Feierabend sind lediglich Beispiele.

Essen und Genuss spielen in meinem Leben, seit ich denken kann, die absolute Hauptrolle, der Beruf als Köchin ist meine Passion. Die Ausbildungszeit im FALCO bei Peter Maria Schnurr in Leipzig hat mich stark geprägt, die Sternegastronomie ist trotz aller weiteren Erfahrungen in der großen, weiten Welt der Kulinarik immer meine Leidenschaft geblieben. An dieser Stelle „Danke, Chef!" für Ihre Verbundenheit und das tolle Vorwort, das Sie mir in dieses Buch gezaubert haben.

Einem größeren Publikum bin ich 2017 als Siegerin der Kochshow „The Taste" bekannt geworden. Die Sendung war für mich ein enormes Sprungbrett und seither hat sich viel getan – zum Beispiel habe ich die Chance bekommen, dieses Buch zu machen, auf das ich wirklich stolz bin. Kooperationen sind geschlossen worden und ich konnte meine erste eigene Produktlinie entwickeln.

Häufig trifft man mich auf kulinarischen Veranstaltungen, wo ich andere Menschen für meine Leidenschaft begeistern kann. Unser Genussbauernhof Baldenhain bei Gera hat sich super entwickelt. Ein absolutes Highlight ist für mich und meinen Partner Andi die Eröffnung unseres Restaurants „Frieda". Hier leben und servieren wir, was wir lieben.

Wie ich privat gerne koche, zeige ich euch in diesem Buch. Meist geschieht es bei mir aus dem Bauch heraus, beim Kochstil bin ich nicht festgelegt und was die Zutaten angeht, verarbeite ich, was mir in die Finger kommt. Das schlägt sich – leider ;-) – manchmal auch in meinen Rezepten nieder, deren Zutaten zuweilen etwas spezieller sein können. Sollte euch ein solches Produkt begegnen, habt unbedingt den Mut, es durch etwas anderes, Ähnliches zu ersetzen. Seid genauso experimentierfreudig wie ich, vertraut auf euren Geschmack und verwendet einfach das, was regional und saisonal verfügbar ist.

Und jetzt lasst uns gemeinsam genießen und feiern. Ich wünsche euch viele kulinarische Highlights und schöne gemeinsame Momente. Denn das Gefühl von Gemeinschaft, Verbundenheit und Genuss beschert uns genau die (Glücks-) Momente, die wir für die Seele brauchen und von denen wir zehren können. Ich wünsche euch ganz viele davon!

WAS ICH LIEBE

oder auch gut gehamstert ist halb gekocht

Es gibt ein paar Zutaten, die in meinem Kühlschrank oder meiner Vorratskammer auf keinen Fall fehlen dürfen. Zugegeben, sie sind etwas ungewöhnlich, aber mit ihrer Hilfe geht in meiner Küche immer etwas, egal, wie viel Ebbe da sonst herrscht. Darum möchte ich meine persönlichen Vorrats-Highlights hier gerne mit euch teilen.

Kokosmilch

Viele kennen sie aus der Asiaküche, dabei kann sie viel mehr als nur Currys verfeinern. Für mich ist sie eine echte Alternative zu Milch, die ich nicht besonders mag. Der leicht nussige Geschmack von Kokosmilch hingegen gefällt mir sehr. Besonders gerne setze ich sie in Teigen ein. Aber ihr könnt beispielsweise auch mal euer Müsli anstelle von Kuhmilch mit Kokosmilch anrühren, sie in einen Smoothie oder die Eismasse mixen.

gezuckerte Kondensmilch

In südlichen Ländern Europas gehört sie zum Standardrepertoire in der Küche, bei uns ist sie weniger bekannt, wenngleich man sie in fast jedem Supermarkt bekommt. Ich liebe sie zum Backen und in meinem Kaffee. Wenn ihr sie in der Dose einfach zwei Stunden lang kocht, wird sie zur Karamellcreme eurer Träume.

Sweet Chili-Sauce

Ihre Süße in Kombination mit einer leichten Schärfe rundet insbesondere asiatisch angehauchte Gerichte sehr schön ab. Aber auch in Salatdressings macht sie einen super Job. Achtet beim Kauf im Asiamarkt oder Supermarkt darauf, dass sie ohne Geschmacksverstärker hergestellt ist.

Weißwein

Alkohol ist ein großartiger Geschmackskatalysator – zum Kochen verwendet, kann Wein im Essen kleine Wunder bewirken. Und da ich gerne teile, verfahre ich hier häufig nach dem Motto „Ein Gläschen fürs Essen, eines für mich zum Trinken". Das hat nach einem anstrengenden Tag auch bei mir nahezu magische Wirkung.

Röstzwiebeln

So profan sie sind, so viel versteckte Würze verleihen sie gehackt einer Panade für Fisch oder Fleisch. Wenn ihr sie im Küchenmixer, Blitzhacker oder in der Küchenmaschine fein mahlt, werden sie als Pulver in Kombination mit Salz und anderen Gewürzen nach Wahl beim Abschmecken zu einem tollen Geschmacksbooster.

Kapern

Die in Salz und Essig eingelegten Blütenknospen des Kapernstrauchs, die die Geschmacksgeister scheiden, geben manch einem Gericht erst den wahren Sinn – so zum Beispiel den Königsberger Klopsen oder Vitello tonnato. Wichtig ist, dass ihr sie unter warmes Essen immer erst ganz am Schluss hebt, weil sich ihr einmaliges Aroma sonst allzu schnell verflüchtigen kann.

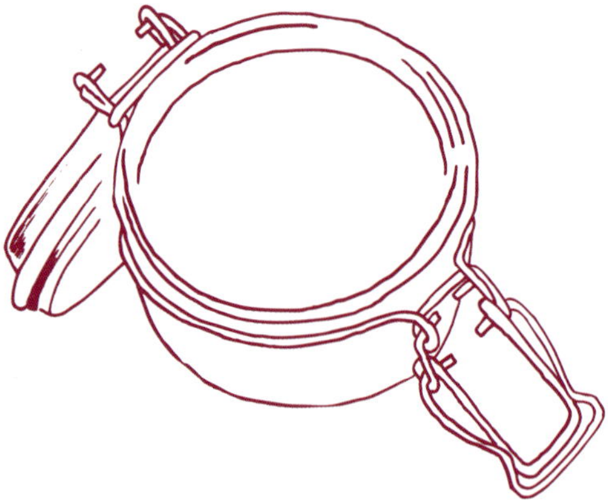

Mais, Kichererbsen, Cannellinibohnen und geschälte Tomaten aus der Dose

Weise ausgewählte Zutaten in Konservenform sind mein unverzichtbarer Notproviant. Sie bieten die solide Basis für ein schnelles, spontanes Essen und halten auch noch ewig lang. Wenn man wie ich viel unterwegs und der Kühlschrank noch so leer ist, kann man sich auf sie verlassen. Alle ein bis zwei Monate stöbere ich ganz entspannt durch meine Vorratskammer und fülle das Konservenregal einfach wieder entsprechend auf.

Sojasauce

Ich liebe diese asiatische Würzsauce und verwende sie, wo immer es passt, als Salzersatz. Ihr Geschmack ist tiefer als der von Salz, sie rundet viele Gerichte sehr schön ab, verfeinert sie und verleiht ihnen den gewissen Umami-Kick. Tastet euch beim Würzen mit ihr dennoch lieber langsam ran.

Fleur de Sel

Ich persönlich verwende lieber Fleur de Sel anstelle von herkömmlichem Salz, weil es ein natürliches Produkt ohne Zusätze wie Rieselhilfen ist und mir das normale Industriesalz einfach nicht so gut schmeckt. Natürlich könnt ihr aber auch immer klassisches Salz nehmen.

schwarzer chinesischer Essig

Den bekommt ihr im Asiamarkt. Schwarzer Essig hat eine ganz andere Note als unser Rotweinessig und ist geschmacklich noch am ehesten mit dunklem Balsamicoessig vergleichbar. Er wird aus Klebreis hergestellt und würzt klassisch Dumplings. Ich verwende ihn darüber hinaus gerne für verschiedenste Marinaden und Dressings.

Misopaste

Die aus fermentierten Sojabohnen hergestellte Paste verleiht Saucen, Dressings, Marinaden, Suppen und Schmorgerichten den ultimativen Umami-Kick. Oft trinke ich auch morgens zum Frühstück einfach eine schnelle Misosuppe. Unter den drei Dingen, die ich mit auf eine einsame Insel nehmen würde, hätte Misopaste einen festen Platz.

Limonen-Olivenöl

Das habe ich ergänzend zu einem normalen hochwertigen Olivenöl immer da. In kalte Gerichte oder Gemüsepürees sowie zu Fisch bringt es viel Frische und einen tollen Geschmack. Zugegeben, es ist etwas teurer, aber wenn ihr es sparsam und gezielt einsetzt, habt ihr auch lange Freude an einem Fläschchen.

Rauchmandeln

Grob gehackt, geben sie Salaten und Gemüse einen schönen leichten Knack und verleihen Gerichten mit ihrer rauchigen Note einen Hauch Lagerfeuerfeeling. Aber Vorsicht, ihr Suchtfaktor ist groß. Darum stellt sie im Regal immer schön nach ganz oben, sonst habt ihr sie vernascht, bevor das Essen fertig ist.

type 301

BBQ-Party

Ich gestehe, ich liebe Barbecue-Partys! Aber irgendwie ist Grillen bei uns immer schon ein großes Thema gewesen. Als Kind fand ich es wunderbar, wenn wir bei Freunden, mit der Familie oder zu Hause draußen im Garten oder im Hof unser Essen über dem offenen Feuer – also mit der ältesten Garmethode überhaupt – zubereitet haben. Irgendwie steckt mir diese Liebe wahrscheinlich auch in den Genen, denn wir Thüringer sind ja über die Grenzen hinweg bekannt für unsere Grillspezialitäten wie die Thüringer Roster.

Heute verkaufen meine Eltern und ich Grills, wir veranstalten Grillseminare und ich bin Botschafterin bei MONOLITH, einem Hersteller für Keramikgrills. Und noch immer liebe ich die Zwanglosigkeit solcher Feste – das Thema BBQ bleibt für mich absolute Herzensangelegenheit und erzeugt in mir nach wie vor ein bestimmtes Feeling, das ich schon in Kindheitstagen hatte – damals, als das BBQ noch Grillfest hieß.
Wie auch immer ihr es nennt, viel Spaß dabei mit meinen Lieblingsrezepten.

GERMAN COLESLAW

mit Frankfurter grüne Sauce und Gartenkresse

Für den Coleslaw:
1 Rotkohl (ca. 1 kg)
Salz
2 rote Zwiebeln
4 Stück Ur-Möhren oder lila Möhren
2 Granny-Smith-Äpfel (oder andere säuerliche Äpfel)
4 EL feiner brauner Rohrzucker
2 EL Butterbrot-Gewürz (siehe Tipp S. 93)
100 ml Apfelessig

Für die grüne Sauce:
2 Bund Kräuter für grüne Sauce (à 200 g; oder je 60 g Kerbel, Petersilie, Borretsch, Pimpinelle, Sauerampfer, Schnittlauch und Gartenkresse)
150 g saure Sahne
200 g Schmand
4 EL Mayonnaise
Salz
Pfeffer aus der Mühle
Saft und abgeriebene Schale von 1 Bio-Zitrone

Außerdem:
6 Eier
2 Schalen Gartenkresse

Für 6–8 Personen
ca. 40 Min. Zubereitung
ca. 1 Std. Marinierzeit

Für den Coleslaw den Kohl putzen, waschen und vierteln. Den Strunk herausschneiden. Den Kohl fein hobeln, mit 3 TL Salz mischen und mit den Händen gut durchkneten. Die Zwiebeln schälen und in feine Streifen schneiden. Die Möhren putzen, schälen, waschen und raspeln. Die Äpfel waschen, vierteln, entkernen und ebenfalls raspeln.

In einer großen Schüssel alles vermischen. Zucker, Butterbrot-Gewürz und Essig dazugeben und kräftig durchkneten. Der Kohl sollte mindestens 1 Stunde vor dem Servieren durchziehen, am besten allerdings über Nacht.

Für die grüne Sauce die Kräuter waschen, evtl. Blätter abzupfen, trocken schleudern und mit einem Messer fein hacken. Saure Sahne mit der Hälfte der Kräuter in einem hohen Gefäß mit dem Stabmixer pürieren. Anschließend mit Schmand und Mayonnaise in einer Schüssel verrühren. Die übrigen gehackten Kräuter hinzufügen und unterrühren. Mit Salz, Pfeffer, Zitronensaft und -schale abschmecken. Sauce bis zum Servieren in den Kühlschrank stellen.

Die Eier etwa 7 Minuten wachsweich kochen. Kalt abschrecken, pellen und etwas abkühlen lassen. Kurz vor dem Servieren die Eier vierteln oder grob hacken. Die Gartenkresse mit einer Schere abschneiden, waschen und trocken schütteln. Den Rotkohl-Coleslaw in einer großen Schale anrichten, die grüne Sauce darübergeben und die Eier darauf verteilen. Mit Gartenkresse garnieren.

Jahrgangs-Ölsardinen gelten unter Sardellenliebhabern als große Delikatesse. Die Mindesthaltbarkeit liegt bei zehn Jahren. Sie sind wunderbar mild im Geschmack, mit Fleur de Sel abgeschmeckt und in bestem Olivenöl eingelegt. Da sie so saftig und sehr zart sind, können sie im Ganzen gegessen werden.

GEGRILLTE SALATHERZEN

mit Sardinen, Umami-Mayonnaise und Manchego

Für die Salatherzen:
4 Römersalatherzen
4 EL Olivenöl

Für die Mayonnaise:
60 g Kapern (Nonpareilles)
300 ml Öl zum Frittieren
Fleur de Sel
1 Eigelb (Größe L)
1 TL mittelscharfer Senf
½ TL helle Misopaste
4 Sardellenfilets (in Öl)
300 ml Traubenkernöl
2 EL Zitronensaft
1 EL Sojasauce
50 g geriebener Parmesan

Außerdem:
3 Dosen Jahrgangs-Ölsardinen
(à 115 g; siehe links)
200 g Manchego (am Stück)
1 Glas kleine Kapernäpfel
(120 g Abtropfgewicht)
½ TL schwarze Pfefferkörner
Fleur de Sel

Für 6–8 Personen
ca. 35 Min. Zubereitung

Für die Salatherzen den Grill vorheizen. Die äußeren, trockenen Blätter vom Salat entfernen und das Ende vom Strunk so dünn abschneiden, dass der Salat noch zusammengehalten wird. Den Salat waschen, trocken schütteln und längs vierteln. Mit Olivenöl beträufeln. Die Salatviertel auf dem Grill (oder in der Grillpfanne) von allen Seiten anbraten, bis sie gut gebräunt sind.

Für die Mayonnaise die Kapern in einem Sieb unter fließendem Wasser abbrausen. Abtropfen lassen und mit Küchenpapier gut trocken tupfen. Das Öl in einer Pfanne mit schwerem Boden auf 180 °C erhitzen, die Kapern hinzufügen und 2 bis 3 Minuten im Fett schwimmend frittieren. Wenn sich die Knospen geöffnet haben und knusprig ausgebacken sind, mit einer Schaumkelle herausheben und auf Küchenpapier abtropfen lassen. Mit Fleur de Sel bestreuen. 1 EL für die Mayonnaise abnehmen, den Rest zum Garnieren beiseitestellen.

Eigelb, Senf, Misopaste und 2 Sardellenfilets in einem hohen Rührbecher mit dem Stabmixer pürieren. Die Hälfte des Traubenkernöls in einem feinem Strahl langsam einlaufen lassen, dabei weitermixen. Den Zitronensaft und die Sojasauce dazugeben und so viel mehr Öl unterziehen, bis die Mayonnaise cremig ist. Die restlichen Sardellenfilets mit frittierten Kapern fein hacken und mit dem Parmesan unter die Mayonnaise heben. Bis zur Verwendung kühl stellen.

Die Sardinen vorsichtig aus der Dose nehmen, damit sie nicht zerbrechen. Auf Küchenpapier abtropfen lassen. Etwas Olivenöl zum Anrichten zurückbehalten. Vom Manchego die Rinde abschneiden und den Käse mit dem Sparschäler in feine Streifen schneiden. Die Kapernäpfel in ein Sieb abgießen und abtropfen lassen.

Den Salat mit der Mayonnaise auf einer Platte anrichten, mit 1 bis 2 EL Olivenöl beträufeln. Den gehobelten Manchego, die übrigen frittierten Kapern und die Kapernäpfel darüberstreuen. Zum Schluss die Sardinen auf den Salat setzen. Den Pfeffer im Mörser frisch zerstoßen und mit Fleur de Sel über den Salat streuen.

GERÖSTETES CIDER-KÄSE-BROT

mit Röstzwiebeln

750 g Mehl (Type 550)
24 g Backpulver
6 ½ g Natron
Salz
130 geriebener Emmentaler
65 g Röstzwiebeln
1 TL gehackter Knoblauch (in Öl eingelegt)
1 EL Magic Dust (BBQ-Gewürzmischung; ersatzweise anderes BBQ-Gewürz)
½ l Cider (Apfelbier)
Mehl für die Arbeitsfläche

Für 6–8 Personen
ca. 20 Min. Zubereitung
ca. 50 Min. Backzeit

Das Mehl in einer Rührschüssel mit Backpulver, Natron und 1 EL Salz mischen. 100 g Käse und 50 g Röstzwiebeln sowie den gehackten Knoblauch und das Gewürz dazugeben. Die Mischung mit den Knethaken des Handrührgeräts oder der Küchenmaschine verrühren und dabei nach und nach den Cider hinzufügen. Den Teig 5 bis 6 Minuten kneten, bis er sich vom Schüsselrand löst.

Eine Brot- oder Kastenform (etwa 25 cm Länge) mit Backtrennspray einsprühen. Den Teig auf die bemehlte Arbeitsfläche geben, länglich formen und in die Backform legen. Mit einer Rasierklinge (oder einem scharfen Messer) der Länge nach mehrfach einritzen und anschließend mit dem restlichen Käse und den übrigen Röstzwiebeln bestreuen.

Den Backofen auf 220 °C vorheizen, auf den Ofenboden eine ofenfeste Schale mit Wasser stellen. Die Temperatur auf 200 °C reduzieren. Das Brot im Ofen auf der mittleren Schiene 10 Minuten backen, danach die Temperatur auf 180 °C reduzieren und das Brot 35 bis 40 Minuten fertig backen.

Aus dem Ofen nehmen, 5 Minuten in der Form abkühlen lassen, auf ein Kuchengitter stürzen und vollständig auskühlen lassen.

„Das Brot in Scheiben schneiden, von beiden Seiten mit Butter bestreichen und auf dem Grill oder der Plancha (Grillplatte) goldgelb rösten."

ZWEIERLEI GRILLSAUCEN

Grünes Relish

4 grüne Paprikaschoten
100 g Gurken-Relish (aus dem Glas)
60 g Petersilie
60 g Koriandergrün
40 g Basilikum
2 grüne Peperoni
3 Knoblauchzehen
300 ml Olivenöl
100 ml Weißweinessig
Saft und abgeriebene Schale von
1 Bio-Limette
Fleur de Sel

Für 6–8 Personen
ca. 15 Min. Zubereitung

Die Paprikaschoten längs halbieren, entkernen und waschen. 2 Paprika in kleine Würfel schneiden und mit dem Gurken-Relish in eine Schüssel füllen. Petersilie, Koriander und Basilikum waschen und trocken schütteln, die Blätter abzupfen und fein schneiden. Mit dem Gurken-Paprika-Relish mischen.

Von den Peperoni nur die Stiele abschneiden, die Peperoni waschen und grob hacken. Den Knoblauch schälen. Beides mit den restlichen Zutaten im Küchenmixer oder in einem hohen Gefäß mit dem Stabmixer pürieren. Das Püree mit dem Gurken-Paprika-Relish gründlich verrühren. Mit Fleur de Sel abschmecken.

Rotes Relish

200 g eingelegte, geröstete Paprika (enthäutet; aus dem Glas)
100 g Paprika-Relish (aus dem Glas)
2 rote Paprikaschoten
4 vollreife Tomaten
4 Knoblauchzehen
3 mittelscharfe rote Peperoni
100 g Rotweinessig
300 ml Limonen-Olivenöl
1 TL edelsüßes Paprikapulver
1 TL gemahlener Kreuzkümmel
Fleur de Sel

Für 6–8 Personen
ca. 15 Min. Zubereitung

Die gerösteten Paprika abtropfen lassen und in feine Streifen schneiden. Mit dem Paprika-Relish in einer Schüssel mischen.

Die Paprikaschoten längs halbieren, entkernen und waschen. Die Tomaten waschen, halbieren und die Stielansätze entfernen. Paprika und Tomaten in grobe Würfel schneiden. Den Knoblauch schälen. Von den Peperoni nur die Stiele abschneiden, Peperoni waschen und grob hacken. Alles zusammen mit den restlichen Zutaten im Küchenmixer oder in einem hohen Gefäß mit dem Stabmixer pürieren.

Die Masse gründlich unter das Paprika-Relish rühren. Mit Fleur de Sel würzen und noch mal abschmecken.

Selbst gebackenes Brot und verschiedene Dips gehören für mich als Vorspeise nicht nur zum Barbecue dazu. Das schmeckt und passt eigentlich immer.

Tomaten-Vanille-Ketchup

500 g getrocknete Tomaten
125 ml Apfelsaft
500 g Cocktailtomaten (reif und aromatisch)
3 rote Zwiebeln
1 Knoblauchzehe
3 EL Traubenkernöl
150 g Tomatenmark
50 ml Sojasauce
1 Dose gehackte Tomaten (400 g)
300 ml Gemüsebrühe
75 ml Apfelessig
25 ml Whiskey
1 Vanilleschote
50 ml Honig
1 EL brauner Zucker
Salz

Für ca. 1 l
ca. 40 Min. Zubereitung
ca. 30 Min. Einweichzeit

Die getrockneten Tomaten in feine Streifen schneiden, in eine Schüssel geben und mit Apfelsaft begießen. 30 Minuten einweichen und anschließend in ein Sieb abgießen. Die Cocktailtomaten waschen und halbieren. Zwiebeln und Knoblauch schälen und in feine Würfel schneiden.

In einem großen Topf das Öl erhitzen, die Zwiebeln und den Knoblauch darin dünsten. Das Tomatenmark dazugeben und leicht karamellisieren, mit Sojasauce ablöschen und anschließend sofort sämtliche Tomaten und die Brühe hinzufügen. Aufkochen und bei schwacher Hitze auf die Hälfte einkochen lassen. Im Küchenmixer oder mit dem Stabmixer ganz fein mixen. Anschließend durch ein Sieb streichen, damit die Sauce schön glatt und geschmeidig wird.

Die Sauce zurück in einen sauberen Topf füllen und mit Essig und Whiskey auffüllen. Die Vanilleschote längs aufschneiden und das Mark herauskratzen. Honig, Zucker, 1 TL Salz, Vanillemark und -schote unterrühren und die Sauce einkochen lassen, bis sie so dickflüssig wie Ketchup ist. Die Vanilleschote entfernen und den Ketchup noch einmal abschmecken.

Mithilfe eines Trichters in sterilisierte Flaschen füllen. Die Flaschen fest verschließen und im Kühlschrank lagern.

„Ihr könnt den Ketchup auch in Gläser mit Schraubverschlüssen füllen, wenn ihr keine Flaschen zur Hand habt oder größere Mengen einkochen wollt."

Rauchige Aioli

140 ml neutrales Pflanzenöl
60 ml Olivenöl
2–4 Knoblauchzehen (je nach Geschmack)
75 ml Milch
½ TL Rauchsalz
Saft von 1 Bio-Zitrone

Für 6–8 Personen
ca. 10 Min. Zubereitung

Die Öle vermischen. Den Knoblauch schälen und mit der Milch und dem Rauchsalz in einem hohen Rührbecher mit dem Stabmixer pürieren. Den Öl-Mix erst tröpfchenweise, dann in dünnem Strahl einlaufen lassen, bis eine Emulsion entstanden ist. Den Zitronensaft unterrühren und die Aioli, falls nötig, noch mal mit Salz abschmecken.

„Sollte die Aioli nicht die gewünschte Konsistenz haben, einfach den Ölanteil etwas erhöhen. Die Aioli kann auch mit geräucherten Knoblauchzehen hergestellt werden."

Baba Ghanoush, ein Klassiker aus der arabischen Küche, ist ein Auberginen-Sesam-Dip, der auf keiner Vorspeisenplatte fehlen darf.

GEFÜLLTE AUBERGINEN

Baba-Ghanoush-Style

4 mittelgroße Auberginen
6 EL Olivenöl
50 g Pinienkerne
1 Knoblauchzehe
40 g Petersilie
40 g Koriandergrün
40 g Minze
100 g griechischer Joghurt
3 EL Tahin (Sesampaste)
2 geräucherte Knoblauchzehen
2 EL geröstete helle Sesamsamen
½ TL gemahlener Kreuzkümmel
1 TL Zatar (nordafrik. Gewürzmischung)
1 EL Agavendicksaft
Saft und abgeriebene Schale von 1 Bio-Zitrone
Fleur de Sel
6 Ziegenfrischkäsetaler (à 40 g)
1 Granatapfel
2 EL geröstete schwarze Sesamsamen

Für 6–8 Personen
ca. 25 Min. Zubereitung
ca. 30 Min. Garzeit

Die Auberginen waschen, trocken tupfen, rundherum einstechen und mit etwas Olivenöl einreiben. Über direkter Hitze grillen und dabei regelmäßig wenden. Die Schale wird dabei tiefschwarz. Sobald die Auberginen weich sind (das dauert etwa 30 Minuten), halbieren und das Fruchtfleisch vorsichtig mit einem Löffel herauslösen – die Schale muss intakt bleiben. Die ausgehöhlten Schalen beiseitelegen und zum Schluss das Gericht darin anrichten.

Eine Hälfte des Fruchtfleischs grob hacken und in eine Schüssel geben. Die Pinienkerne in einer Pfanne ohne Fett anrösten. Den Knoblauch schälen und in feine Würfel schneiden. Die Kräuter waschen, trocken schütteln, die Blätter abzupfen und fein hacken. Die andere Hälfte des Auberginenfruchtfleischs mit Joghurt, Tahin, Pinienkernen, 3 EL Olivenöl, frischem und geräuchertem Knoblauch, hellem Sesam, Gewürzen, Agavendicksaft, Zitronensaft und -schale im Küchenmixer oder mit dem Stabmixer zu einer glatten Creme pürieren. In die Schüssel zu dem übrigen Fruchtfleisch geben und gut verrühren. Anschließend drei Viertel der gehackten Kräuter untermischen und mit Fleur de Sel abschmecken.

Die Masse in die Auberginenhälften füllen. Die Ziegenkäsetaler in kleine Stücke brechen und gleichmäßig auf den Auberginen verteilen. Den Granatapfel halbieren und die Kerne auslösen. Die Auberginen mit Granatapfelkernen, geröstetem Sesam und den restlichen Kräutern garnieren.

„Das Gericht kann man selbstverständlich auch ohne Grill zubereiten. Dafür die Auberginen wie oben beschrieben vorbereiten und anschließend im auf 180 °C vorgeheizten Backofen etwa 35 Minuten backen.“

„Granatapfelkerne bekommt ihr am besten aus einem Granatapfel, indem ihr diesen halbiert, eine Hälfte umgedreht in der Hand haltet und mit einem Löffel gegen die Seite schlagt, sodass die Kerne herausfallen.“

GERÄUCHERTE FJORDFORELLE

mit Koriander-Gurkensalat

Für die Forelle:
200 g Apfel-Räucherchips
100 g geschrotete Wacholderbeeren
1 Fjordforelle (ca. 3 kg; küchenfertig)
3 EL Olivenöl
grobes Meersalz
je 1 Bio-Zitrone und Bio-Orange
je 4 Zweige Rosmarin und Thymian

Für den Gurkensalat:
2 Bio-Salatgurken
je 1½ TL Salz und Zucker
2 rote Zwiebeln
75 ml Olivenöl
45 ml Gurkenessig
3 EL Gin
abgeriebene Schale von
1 Bio-Limette
1 EL Agavendicksaft
geriebener Ingwer (ca. 3 cm)
½ TL Sumach (türk. Gewürz)
60 g Koriandergrün
1 Granatapfel

Für 6–8 Personen
ca. 20 Min. Zubereitung
ca. 75 Min. Garzeit
ca. 2 Std. Einweichzeit

Für die Forelle zwei Zedernholzbretter etwa 2 Stunden in lauwarmem Wasser einweichen, damit sie auf dem Grill nicht Feuer fangen. Die Räucherchips und Wacholderbeeren 1 Stunde in Wasser einweichen.

Die Forelle dünn mit Olivenöl bestreichen, dann innen und außen salzen. Zitrone und Orange waschen, trocken reiben und in Scheiben schneiden. Die Kräuter waschen und trocken schütteln. Zitronen- und Orangenscheiben sowie die Kräuter in der Bauchhöhle der Forelle verteilen. Falls nötig, den Fisch an zwei bis drei Stellen mit Küchengarn zusammenbinden, damit er sich beim Grillen nicht öffnet. Den Fisch kühl stellen, bis der Grill heiß ist.

Den Grill mit indirekter Hitze auf eine Temperatur von 120 °C vorheizen. Die eingeweichten Räucherchips mit den Wacholderbeeren auf der glühenden Holzkohle verteilen. Die Holzbretter auf den Grillrost legen und sofort den Fisch darauflegen. Sobald es leicht anfängt zu räuchern, den Deckel schließen. Bei gleichbleibender Temperatur den Fisch etwa 75 Minuten grillen. Wichtig: Der Deckel sollte beim Räuchern nicht geöffnet werden. Sobald die Rückenflosse sich ganz leicht entfernen lässt und das Fleisch an der Mittelgräte nicht mehr glasig ist, ist der Fisch gar. Die Forelle auf einer großen Platte anrichten und filetieren.

Für den Gurkensalat die Gurken waschen und mit dem Spiralschneider zu langen Spiralen schneiden oder in feine Scheiben hobeln. Gurkenspiralen oder -scheiben in einer Schüssel mit Salz und Zucker mischen und in einem Sieb 10 bis 15 Minuten ziehen lassen. Die Gurken mit den Händen ausdrücken.

Die Zwiebeln schälen und in feine Scheiben hobeln. Olivenöl, Gurkenessig, Gin, Limettenschale, Agavendicksaft, Ingwer und Sumach mit dem Schneebesen verrühren. Mit den Zwiebelscheiben zu den Gurken geben und gut vermischen. Koriander waschen und trocken schütteln, die Blätter abzupfen und hacken. Den Granatapfel halbieren und die Kerne auslösen (siehe Tipp S. 23). Den Gurkensalat in einer Schüssel oder in kleinen Gläsern anrichten und mit Granatapfelkernen und Koriander bestreuen. Zur Forelle servieren.

Für die Füllung:
1 Schweinenacken (ca. 2–2 ½ kg, am besten bio)
200 g mittelscharfer Senf
150 g Pulled Pork Rub (Fertigprodukt)
150 ml Apfelsaft
200 g BBQ-Sauce (sweet & spicy)
200 g BBQ-Sauce (rauchig)
100 g Tomatenketchup
50 g Sweet Chili-Sauce
1 Dose Gemüsemais (ca. 240 g Abtropfgewicht)
1 Dose Kidneybohnen (ca. 240 g Abtropfgewicht)
1 Dose Baked Beans (ca. 240 g Abtropfgewicht)

Außerdem:
10 Stück frische Weizentortillas (à 16 cm Durchmesser)
400 g geriebener Gouda
Sriracha-Mayo (Chilicreme; nach Belieben)

Für 6–8 Personen
ca. 30 Min. Zubereitung
ca. 5 Std. Garzeit
ca. 1 Tag Marinierzeit

BBQ-QUESADILLAS

mit Schweinefleisch, Bohnen und Mais

Am Vortag der Zubereitung **für die Füllung** den Schweinenacken rundum mit dem Senf einreiben. Anschließend den Pulled Pork Rub gleichmäßig auf dem ganzen Nacken verteilen. Das marinierte Fleisch fest in Frischhaltefolie wickeln und über Nacht im Kühlschrank ziehen lassen.

Das Fleisch 1 Stunde vor der Zubereitung aus dem Kühlschrank nehmen. Den Backofen auf 150 °C vorheizen.

Apfelsaft und 200 ml Wasser in einen Bräter (mit Rost) gießen. Den Rost einsetzen und das Fleisch darauflegen. Das Ganze gut mit Alufolie verschließen und im Ofen 3 Stunden garen. Die Temperatur auf 120 °C reduzieren und das Fleisch aus dem Ofen nehmen. Die Alufolie entfernen und den Bräter zurück in den Ofen geben. Weitere 2 Stunden fertig garen, bis das Fleisch fast zerfällt.

Das Fleisch aus dem Ofen nehmen und etwas abkühlen lassen. Die Flüssigkeit im Bräter in eine Schüssel füllen und beiseitestellen. Das noch warme Fleisch mit zwei Gabeln oder den Fingern (Handschuhe tragen) zerteilen.

In einem Topf die BBQ-Saucen, den Ketchup, die Chilisauce und 150 ml der zurückbehaltenen Flüssigkeit vermengen und bei mittlerer Hitze aufkochen. Etwa 5 Minuten köcheln lassen und gelegentlich umrühren. Abschmecken und, falls nötig, nachwürzen. Die Sauce sollte leicht scharf und rauchig sein.

Den Mais und die Kidneybohnen in ein Sieb abgießen und abbrausen. Die Baked Beans in einem weiteren Sieb leicht abtropfen lassen. In einer großen Schüssel das Fleisch, die Bohnen und den Mais mit der gewünschten Menge Sauce mischen. Die Fleischfasern sollten mit der Sauce überzogen sein, aber nicht in der Sauce schwimmen.

Die Tortillas nebeneinander auf den Grill oder die Plancha (Grillplatte) legen. Die Fleischmasse und den Käse gleichmäßig auf jeweils einer Fladenhälfte verteilen. Die andere Hälfte über die Füllung klappen und die entstandenen Halbkreise fest zusammendrücken. Die Quesadillas 2 bis 3 Minuten grillen, dabei einmal wenden. Wenn sie von beiden Seiten goldgelb sind und der Käse zerläuft, sind sie fertig. Auf ein Schneidebrett legen und noch mal halbieren. Nach Belieben mit Sriracha-Mayo beträufeln.

Ihr habt es mal eilig? Dann könnt ihr auf fertiges Pulled Pork aus dem Supermarkt oder vom Metzger des Vertrauens zurückgreifen.

BIER –

der flexible Essensbegleiter

Viele von euch fragen sich jetzt wahrscheinlich: „Echt jetzt, eine Bierbegleitung zum Essen?" Ja, ganz richtig gelesen! Denn Bier schmeckt nicht nur auf der Party oder zu deftiger Hausmannskost, es ist in seinen vielfältigen Geschmäckern und Nuancen ein ganz ausgezeichneter Begleiter zum Menü beziehungsweise zu einer Folge von Speisen. Etwas mehr Dynamik hat das Thema „Bierbegleitung" in den letzten Jahren durch den Boom von Crafted Beer bekommen. Ich mag gutes Bier zu einem guten Essen sehr, darum probiert es unbedingt selbst einmal aus. Mit meinen Grundregeln und Tipps kann dabei gar nichts schiefgehen.

Hier zunächst ein paar Grundregeln zum Biergenuss

♦ Bier trinkt man nicht aus der Flasche – weder für sich genommen noch als Begleiter zum Essen. Denn wie beim Wein entfalten sich erst beim Kontakt mit der Luft seine Aromen vollständig und perfekt. Außerdem hat das Trinken aus dem Glas Stil und viel mit dem nötigen Respekt gegenüber dem Lebensmittel zu tun. Das Essen wird ja auch schön auf dem Teller angerichtet und nicht aus dem Topf gelöffelt ... wobei ... nein, Spaß!

♦ Ebenfalls wie beim Wein hat jede unterschiedliche Biersorte es verdient, aus einem eigenen, für die Sorte passenden Glas getrunken zu werden.

♦ Nehmt euch Zeit zum Trinken und genießt das Bier! Entgegen gängiger Meinung sollte Bier kein Durstlöscher sein, sondern es ist wie Wein ein Genussmittel, für dessen Konsum man sich Zeit nehmen sollte – auch das hat wieder mit Respekt gegenüber dem Produkt zu tun. Biergenuss ist ähnlich wie Weingenuss Philosophie und Wissenschaft zugleich.

Und so findet ihr zu jedem Gang die perfekte Biersorte

♦ Wie Wein hat auch das Bier neben dem Hopfen Geschmacksnoten. Seine Aromen sollten daher auf die des Essens abgestimmt werden. Ähnliche Aromen in Bier und Essen können sich gegenseitig stützen, also passt beispielsweise ein fruchtiges Bier besser zu fruchtigen (Nach-)Speisen.

♦ Starke Aromen im Essen benötigen einen ebenbürtigen Gegenspieler im begleitenden Getränk – je kräftiger der Geschmack des Gerichts ist, umso würziger darf das Bier sein. Scharfes Essen benötigt zusätzlich ein Bier mit einer hohen IBU, also vielen Hopfen-Bittereinheiten, diese mildern die Schärfe.

♦ Am Bier können sich herausfordernde Gewürzspitzen im Essen, wie zum Beispiel die Schärfe der Chili, ein wenig die Hörner abstoßen, das Bier kann sie also geschmacklich etwas zähmen und helfen, das Gericht geschmacklich noch runder zu machen.

Meine Getränkeempfehlung

Bier-Mischgetränke sind als Start in einen gelungenen Abend mit Gästen die perfekte Alternative zu häufig sehr süßen Aperitiven wie Hugo und Co. – hier meine beiden Lieblingsvarianten:

Beim **Pils-Spritz** heben sich die Bitternoten beider Komponenten gegenseitig sehr gut auf, während die Orangennote den nötigen Raum bekommt. Dazu einige Eiswürfel in schöne, bauchige Rotweingläser füllen. Je 25 ml Aperitif-Bitter (z.B. Aperol) und 75 ml Pils aufgießen und das Ganze mit 1 Schnitzer Bio-Orange garnieren.

Zur Begrüßung und zum Aperitif

Der **Weißbier-Secco** ist eine herb-würzige, aber sehr erfrischende Alternative zum Federweißen. Dazu in schönen, bauchigen Rotweingläsern (wichtig!) je 200 ml Weißbier mit 100 ml Prosecco aufgießen.

Zur weiteren Begleitung

Im Folgenden stelle ich euch ein paar beliebte Biersorten vor und erkläre euch, zu welchen Speisen sie am besten passen.

Bockbier
Das meist dunkle, süße und wenig gehopfte Starkbier harmoniert besonders gut mit gegrilltem rotem Fleisch sowie Wild, dem Geschmack dunkler Schokolade und Desserts allgemein.
Optimale Trinktemperatur: 10 °C, 25–35 IBU

Weizenbier
Das meist obergärig gebraute Bier mit eher geringem Malz- und Hopfenaroma passt sehr gut zu Salaten, Fisch, gekochtem Fleisch und kräftigem Käse.
Optimale Trinktemperatur: 6–7 °C, 0–20 IBU

Pilsner Bier
Das untergärige leicht hopfenbetonte Pils ergänzt sich hervorragend mit scharfem Essen und klassischen Schnitzeln, aber auch geräuchertem Fisch und Meeresfrüchten.
Optimale Trinktemperatur: 6–7 °C, 30–45 IBU

Schwarzbier
Das dunkle bis schwarze, mit Spezialmalzen hergestellte Schwarzbier versteht sich prächtig mit BBQ-Gerichten wie scharf gegrilltem Fleisch, Schmorgerichten und einer Brotzeit mit dunklem Brot und Schinken.
Optimale Trinktemperatur: 9 °C, 20–30 IBU

Lagerbier
Das untergärig gebraute helle Lager ist etwas weniger gehopft als ein Exportbier und vollmundiger und leicht süßer als ein Pils. Es passt zu hellem Fleisch beziehungsweise Geflügel und gedünstetem Fisch genauso gut wie zur Käseplatte.
Optimale Trinktemperatur: 6–7 °C, 5–25 IBU

Gegrilltes Flanksteak ist auch ohne Kruste ein Highlight auf jeder BBQ-Party.

GEGRILLTES FLANKSTEAK

mit grüner Feigen-Nuss-Kruste

Für das Steak:
1 kg Flanksteak
abgeriebene Schale von
1 Bio-Zitrone
Fleur de Sel

Für die Kruste:
300 g grüne Feigenkonfitüre
(z. B. von Pelagonia; ersatzweise
herzhaftes Feigen-Chutney)
200 g getrocknete Softfeigen
60 g Petersilie
100 g Gewürz-Cashewkerne (siehe
Kapitel After-Work-Party, S. 99)
60 g Kapern (Nonpareilles)

Für 6–8 Personen
ca. 30 Min. Zubereitung

Für das Steak das Flanksteak etwa 30 Minuten vor dem Grillen aus der Kühlung nehmen. Den Grill auf 250 °C (direkte Hitze) vorheizen.

Inzwischen **für die Kruste** die Feigenkonfitüre in eine Schüssel füllen. Die Feigen in kleine Würfel schneiden und hinzufügen. Petersilie waschen, trocken schütteln und die Blätter abzupfen. Petersilie, Cashewkerne und Kapern hacken und unter die Feigenmasse heben.

Das Flanksteak 2 bis 3 Minuten auf jeder Seite grillen. Anschließend in die indirekte Zone des Grillrosts legen und bei 120 bis 140 °C 7 bis 9 Minuten garen, bis eine Kerntemperatur von 56 °C erreicht ist (mit einem Bratenthermometer überprüfen). Das Steak auf ein Brett legen und 3 bis 4 Minuten ruhen lassen.

Währenddessen die Feigen-Nuss-Kruste auf das Flanksteak streichen. Anschließend das Flanksteak in Tranchen schneiden. Dabei darauf achten, dass das Fleisch immer quer zur Fleischfaser aufgeschnitten wird, die beim Flanksteak immer der Länge nach verläuft. Mit Zitronenschale und Fleur de Sel bestreuen und servieren.

„Das Flanksteak ist ein Teilstück aus dem hinteren, unteren Bauchlappen des Rindes, hat einen geringen Fettanteil und ist besonders intensiv im Geschmack. Ursprünglich kommt das Flanksteak aus den USA, es lässt aber auch hierzulande seit ein paar Jahren die Herzen wahrer BBQ-Fans höherschlagen.“

SAFTIGER MILCHKUCHEN

mit eingeweckten roten Weinbergpfirsichen

Für den Kuchen:
170 g Mehl
30 g Kokosraspel
1 TL Backpulver
1 Prise gemahlene Vanille
Salz
4 Eier (Größe M)
120 g weiche Butter
130 g Zucker
50 ml Milch
250 g gezuckerte Kondensmilch
200 g Kondensmilch
200 g Kokosmilch
50 ml Kokoslikör

Für die Creme:
175 g Kokosmilch
150 g Zucker
75 ml Milch
50 g Mehl
250 g weiche Butter

Für den Kuchen den Backofen auf 180 °C vorheizen. Eine Auflaufform (30 × 20 cm) mit Backtrennspray einsprühen.

Mehl, Kokosraspel, Backpulver, Vanille und 1 Prise Salz in einer Schüssel mischen. Die Eier trennen. Butter und 65 g Zucker schaumig rühren, die Eigelbe einzeln unterrühren.

Eiweiße mit Salz steif schlagen, dabei den restlichen Zucker einrieseln lassen und weiterschlagen, bis ein glänzender Eischnee entstanden ist. Ein Drittel des Eischnees, die Milch und Mehlmischung in die Butter-Ei-Masse rühren. Den restlichen Eischnee vorsichtig unterheben.

Den Teig in die Auflaufform geben. Im Ofen auf der mittleren Schiene 30 Minuten backen. Den Kuchen herausnehmen und mit einem Holzstäbchen mehrfach einstechen.

Beide Kondensmilchsorten, Kokosmilch und Kokoslikör verrühren. Nach und nach über den heißen Kuchen gießen, der die Flüssigkeit komplett aufnimmt. Abkühlen lassen.

Für die Creme Kokosmilch, Zucker, Milch und Mehl in einem Topf mit einem Schneebesen verrühren. Unter ständigem Rühren erhitzen, bis die Masse kocht und die Konsistenz eines sehr dicken und zähen Puddings bekommt.

Vom Herd nehmen und in eine Schüssel füllen. Bei Raumtemperatur vollständig abkühlen lassen.

Sobald die Masse erkaltet ist, die Butter in der Küchenmaschine oder mit den Quirlen des Handrührgeräts mindestens 3 Minuten hell und cremig aufschlagen. Nach und nach die Kokosmasse zu der Butter geben und unterrühren.

Die fertige Creme etwa 30 Minuten kühl stellen. Dann gleichmäßig auf dem Kuchen verteilen.

Für die Pfirsiche:
1 kg Weinbergpfirsiche
375 g Zucker
180 ml Weißwein
190 ml Himbeermark
75 ml Himbeergeist
1 TL gemahlene Vanille
Saft von 1 Bio-Zitrone

Für 6–8 Personen
ca. 1 Std. Zubereitung
ca. 30 Min. Backzeit
ca. 30 Min. Kühlzeit

Für die Pfirsiche die Früchte waschen, schälen, halbieren und entsteinen. In drei bis fünf saubere Einmachgläser schichten.

100 g Zucker mit 2 EL Wasser in einem Topf bei schwacher Hitze langsam schmelzen, bis der Zucker goldgelb karamellisiert.

Mit Weißwein aufgießen, 3 Minuten einkochen lassen und etwa 420 ml Wasser, Himbeermark, Himbeergeist, Vanille und Zitronensaft hinzufügen.

Den Sud aufkochen und bis knapp unter den Rand in die Gläser füllen. Die Gläser sofort verschließen und auf den Kopf stellen. Den Milchkuchen mit eingelegten Pfirsichen servieren, restliche Pfirsiche aufbewahren. Kühl und dunkel gelagert, halten sich die Pfirsiche 6 Monate.

„Weinbergpfirsiche sehen mit ihrer pelzigen Schale nicht sehr appetitlich aus, sie sollten daher vor der Verarbeitung immer geschält werden. Geschmacklich sind sie allerdings deutlich aromatischer als herkömmliche Pfirsiche.
Ihr könnt die Pfirsiche auch ein paar Tage im Voraus zubereiten und durchziehen lassen, dann schmecken sie intensiver.“

Mädelsparty

Wenn der Klatsch- und Tratsch-Akku wieder einmal aufgeladen werden muss, ist es dringend Zeit für eine meiner spontanen Mädelspartys!

Kurz entschlossen trommle ich dann meine Freundinnen zusammen und wir suchen den nächstbesten Termin. Da muss im Zweifel ein Tag Vorbereitung reichen, aber spontane Feste sind doch häufig auch die besten.

Was wir schnabulieren, darf natürlich nicht zu schwer sein, muss aber auch eine solide Grundlage für das eine oder andere Gläschen guten Prosecco oder Wein liefern. Low-Carb-Gerichte, die nicht zu fettig sind, eignen sich hier prima. Und mit viel geschmacklichem Wumms schiebt sich das Essen ganz von selbst wieder ein Stück mehr in seinen berechtigten Vordergrund, wenn es im ganzen Geschnatter etwas unterzugehen droht. ;-)

Für das Ceviche:
12 Riesengarnelen (geschält und Darmfäden entfernt)
2 Roma-Tomaten
2 rote Zwiebeln
Salz
1 milde Chilischote
1 Bund Koriandergrün
8 Limetten (davon 1 Bio-Limette)
50 g geriebener Ingwer

Für die Salsa:
250 g eingelegte Palmherzen (aus der Dose)
150 g Baby- oder Mini-Fenchel
1 kleine Honig-Pomelo
1 Avocado
½ TL eingelegte Jalapeño
5 EL Olivenöl
3 EL Sojasauce
2 EL Sweet Chili-Sauce

Außerdem:
2 Römersalatherzen
1 Schale Shiso-Kresse
100 ml Sriracha-Mayo (Chilicreme)

Für 6–8 Personen
ca. 40 Min. Zubereitung
ca. 30 Min. Kühlzeit

LOW-CARB-TACOS

mit Garnelenceviche und Palmherzen-Pomelo-Salsa

Für das Ceviche die Garnelen unter fließendem kaltem Wasser abbrausen, auf Küchenpapier trocken tupfen und kontrollieren, dass die Darmfäden komplett entfernt sind. Die Garnelen mit einem scharfen Messer längs halbieren und in eine große Schüssel geben.

Die Tomaten waschen, halbieren, entkernen und in Würfel schneiden, dabei die Stielansätze entfernen. Die Zwiebeln schälen und auf dem Gemüsehobel in feine Ringe hobeln. In kaltes Salzwasser legen und 10 Minuten ziehen lassen, abgießen und abtropfen lassen.

Die Chilischote längs halbieren, entkernen, waschen und in feine Streifen schneiden. Den Koriander waschen und trocken schütteln, die Blätter abzupfen und in einer Schale beiseitestellen. Für das Ceviche werden nur die Korianderstängel verarbeitet. Diese ganz fein schneiden.

Die Bio-Limette heiß abwaschen, trocken reiben und die Schale fein abreiben. Es wird 1 EL Limettenschale benötigt. Alle Limetten halbieren und auspressen.

Alle Zutaten bis auf die Zwiebeln zu den Garnelen geben, gründlich vermischen und mit Frischhaltefolie abdecken. Das Ceviche 30 Minuten im Kühlschrank „garen" (siehe Tipp).

Für die Salsa die Palmherzen in ein Sieb abgießen, mit Küchenpapier trocken tupfen und in feine Ringe schneiden. Fenchel putzen, waschen und auf dem Gemüsehobel in feine Scheiben hobeln. Die obere und untere Kappe der Pomelo abschneiden und dann wie beim Filetieren einer Orange verfahren. Zuerst die weiße dicke Haut so abschneiden, bis nichts mehr am Fruchtfleisch haftet. Nun die einzelnen Filets herauslösen. Diese in kleine Segmente zerteilen. Die Avocado halbieren, den Stein entfernen und die Hälften schälen. In feine Scheiben und dann in feine Würfel schneiden. Die Jalapeño klein hacken. Alles in eine Schüssel geben und mit dem Olivenöl, der Soja- und Chilisauce verrühren.

Die Salatherzen putzen und in die einzelnen Blätter zerteilen, waschen und trocken schütteln. 8 gleich große Salatblätter verwenden, den Rest im Kühlschrank aufbewahren. Das zurückbehaltene Koriandergrün hacken und kurz vor dem Servieren unter das Garnelenceviche heben und alles vermischen.

Die Shiso-Kresse vom Beet schneiden. Das Garnelenceviche auf die Salatblätter verteilen, dabei auch die roten Zwiebeln und etwas von dem Sud mitverwenden. Die Salsa darauf verteilen und die Sriracha-Mayo in Punkten daraufspritzen. Mit der Shiso-Kresse garnieren.

Durch die Säure des Zitronensafts wird das Eiweiß in den Garnelen denaturiert, was auch beim Kochen passiert. Deshalb spricht man hier auch von garen – nur eben auf kalte Art.

HÄHNCHENSALAT

mit Superfoods und Ayran-Dressing

Für das Hähnchen:
1 Stängel Zitronengas
2 Bio-Zitronen
1 Knoblauchzehe
1 l Hühnerbrühe (alternativ Wasser)
4 Kaffir-Limettenblätter
4 Hähnchenbrustfilets (pariert und ohne Haut)
4 EL Limonen-Olivenöl
Salz

Für das Dressing:
200 ml Ayran (türk. Getränk)
50 g Crème fraîche
2 Bio-Zitronen
3 EL Limonen-Olivenöl
Salz · 1 EL Café-de-Paris-Gewürzmischung

Für den Salat:
6 Mini-Bio-Gurken
1 Bund rot-weiße längliche Radieschen
200 g Zuckerschoten
125 g Heidelbeeren
2 Avocados
200 g Ziegenfrischkäsetaler
250 g Mischsalat „Superfood Mix“ oder Wildkräuter-Mischung
150 g rote gekochte Quinoa
50 g Rauchmandeln (Fertigprodukt)
40 g Sprossen (nach Wahl)

Für 6–8 Personen
ca. 30 Min. Zubereitung

Für das Hähnchen vom Zitronengras die welken äußeren Blätter und die obere trockene Hälfte entfernen, die untere Hälfte mit dem Messerrücken flach klopfen. Die Zitronen heiß waschen, trocken reiben und in Scheiben schneiden. Knoblauch schälen und halbieren. Zitronengras und Zitronenscheiben mit der Brühe, Knoblauch und Limettenblättern in einem Topf bei starker Hitze aufkochen. Die Hähnchenfilets hinzufügen und 2 Minuten kochen. Den Topf vom Herd nehmen und das Fleisch zugedeckt 10 Minuten gar ziehen lassen.

Mit einem Schaumlöffel herausheben und auf eine Platte legen. Kurz abkühlen lassen und mit den Fingern oder einer Gabel das Fleisch entlang der Faser auseinanderziehen. Das gezupfte Hähnchenfleisch in eine Schüssel geben und mit dem Limonen-Olivenöl und 1 Prise Salz vermischen.

Für das Dressing Ayran und Crème fraîche in einer Schüssel mit dem Schneebesen verrühren. Die Zitronen heiß waschen, trocken tupfen, die Schale fein abreiben und in die Schüssel geben. 1 Zitrone halbieren und auspressen. Zusammen mit dem Limonen-Olivenöl, 1 Prise Salz und dem Café-de-Paris-Gewürz zum Ayran-Mix geben und verrühren.

Für den Salat die Gurken und Radieschen putzen, waschen und auf dem Gemüsehobel längs in dünne Scheiben hobeln. Zuckerschoten putzen, waschen und längs halbieren. Die Heidelbeeren gründlich waschen. Avocados halbieren und jeweils den Stein entfernen. Hälften schälen und schräg in breite Stücke schneiden. Den Ziegenfrischkäse in kleine Stücke zerteilen.

Den Salat waschen und trocken schleudern, auf einer großen Platte oder in einer großen flachen Schale anrichten. Das gezupfte Limonenhähnchen darauf verteilen und anschließend die restlichen Zutaten auf dem Salat arrangieren. Mit dem Ayran-Dressing übergießen und als Topping die Rauchmandeln und Sprossen darüberstreuen.

Die Kerne und Nüsse können auch beliebig ersetzt und ausgetauscht werden. Kreativität und Vorlieben sind hier keine Grenzen gesetzt.

ROSA NUSSBROT

Low Carb und glutenfrei

60 g frische Hefe
30 g Honig
Salz
250 g Kichererbsenmehl
250 g Erdmandelmehl
250 g gekochter Wildreis
50 g Sonnenblumenkerne
50 g Kürbiskerne
50 g Pinienkerne
50 g Mandelsplitter
ca. 50 g Chiasamen
ca. 40 g Quinoaflocken

Für 1 Brot
ca. 15 Min. Zubereitung
ca. 55 Min. Backzeit
ca. 1 Std. Gehzeit

In einer Schüssel 350 ml lauwarmes Wasser mit Hefe, Honig und 3 TL Salz so lange verrühren, bis die Hefe und das Salz sich aufgelöst haben.

Die Mehlsorten, den gekochten Reis, die Kerne, Mandeln, 30 g Chiasamen und 20 g Quinoaflocken in einer zweiten großen Schüssel miteinander mischen und in die Mitte eine Mulde drücken. Die Hefemischung in die Mulde gießen und die Zutaten mit einem Teigschaber gleichmäßig zu einem Teig verarbeiten.

Eine Kastenform mit Backtrennspray einsprühen und den Teig hineinfüllen. Mit den restlichen Chiasamen und Quinoaflocken bestreuen, mit einem Küchentuch abdecken und an einem warmen Ort 1 Stunde gehen lassen.

Den Backofen auf 220 °C vorheizen, auf den Ofenboden eine ofenfeste Schale mit Wasser stellen. Die Temperatur auf 200 °C reduzieren. Das Brot im Ofen auf der mittleren Schiene 10 Minuten backen, danach die Temperatur auf 170 °C herunterschalten und das Brot 40 bis 45 Minuten fertig backen.

Das Nussbrot aus dem Ofen nehmen, 5 Minuten in der Form abkühlen lassen, auf ein Kuchengitter stürzen und vollständig auskühlen lassen.

„Ich serviere zum Low-Carb-Brot gerne verschiedene Dips, zum Beispiel einen Schafskäse-Dip und Gemüse-Curry-Dip. Beide Rezepte findet ihr auf der nächsten Seite.“

SCHAFSKÄSE-DIP

mit Radieschen und Gurken

1 Salatgurke
1 Bund Radieschen
½ Bund Petersilie
1 Bund Schnittlauch
125 g Schafs- oder Ziegenfetakäse
150 g Speisequark
100 g Schmand
1 EL Crème fraîche
1 EL Chakalaka (afrik. Gewürzmischung)
1 EL Olivenöl
Saft und abgeriebene Schale von 1 Bio-Zitrone

Für 6–8 Personen
ca. 15 Min. Zubereitung

Die Gurke schälen, längs halbieren und entkernen. Auf der Gemüsereibe grob reiben. Die Radieschen putzen, waschen, in feine Scheiben hobeln und in dünne Streifen schneiden. Die Kräuter waschen und trocken schütteln, Petersilienblätter abzupfen und fein hacken, Schnittlauch in Röllchen schneiden. Beides mit den Radieschen und Gurken mischen.

Den Fetakäse fein zerbröseln und mit Quark, Schmand und Crème fraîche verrühren. Die Gemüse-Kräuter-Mischung hinzufügen und den Dip mit Chakalaka, Olivenöl, Zitronensaft und -schale abschmecken.

Dip nach Belieben mit Gurken- und Radieschenscheiben sowie essbaren Blüten und Basilikum garnieren.

GEMÜSE-CURRY-DIP

mit Joghurt und Limettensaft

100 g Blumenkohl
2 rote Zwiebeln
2 Möhren
1 Knoblauchzehe
1 Aubergine
1 gelbe Zucchini
1 grüne Zucchini
1 Dose Kichererbsen (400 g)
3 EL Pflanzenöl
2 Kaffir-Limettenblätter
1 Stängel Zitronengras
3 EL Mumbai-Currypulver
1 TL Kreuzkümmelsamen
¼ l Kokosmilch
¼ l Gemüsebrühe
50 ml Sojasauce
100 g griechischer Joghurt
Saft und abgeriebene Schale von
1 Bio-Limette
Salz

Für 6–8 Personen
ca. 25 Min. Zubereitung
ca. 30 Min. Garzeit

Blumenkohl putzen, waschen und in Röschen teilen. Die Zwiebeln schälen und in Scheiben schneiden. Die Möhren putzen, schälen und in Stücke schneiden. Knoblauch schälen und in Scheiben schneiden. Aubergine und Zucchini putzen, waschen und in Stücke schneiden. Die Kichererbsen in ein Sieb abgießen, abbrausen und abtropfen lassen.

Das Öl in einem großen Topf erhitzen. Das Gemüse und die Kichererbsen dazugeben und von allen Seiten leicht anrösten.

Limettenblätter andrücken. Vom Zitronengras die welken äußeren Blätter und die obere trockene Hälfte entfernen, die untere Hälfte klein schneiden. Curry, Kreuzkümmel, Zitronengras und Kaffir-Limettenblätter in dem Topf kurz mit andünsten.

Mit Kokosmilch, Brühe und Sojasauce auffüllen und 20 bis 30 Minuten köcheln lassen. Sobald das Gemüse weich ist, die Kaffir-Limettenblätter herausnehmen.

Das Gemüse im Küchenmixer oder mit dem Stabmixer zu einer feinen Creme mixen. Die Creme abkühlen lassen und mit Joghurt und Limettensaft und -schale sowie 1 Prise Salz verrühren.

„Wenn der Dip vegan sein soll, einfach den Joghurt durch Seidentofu ersetzen. Ihr mögt es knackig? Dann bestreut den Dip zusätzlich mit einem bunten Kerne-Mix.“

Dieser Dip entstand eigentlich aus einer Resteverwertung heraus. Immer wenn ich ein Curry koche, bleibt etwas übrig. Da bin ich auf die Idee gekommen, die Reste einfach mal in den Mixer zu geben und mit Joghurt einen köstlichen Aufstrich daraus herzustellen.

PUFFBOHNENBÄLLCHEN

mit Naanbrot und Sumachsalat

Für die Puffbohnenbällchen:
200 g getrocknete Kichererbsen
200 g dicke Bohnen (Saubohnen; tiefgekühlt)
Salz
4 Schalotten
2 Knoblauchzehen
100 g Petersilie
60 g Koriandergrün
60 g Kichererbsenmehl (alternativ Weizenmehl)
1 TL Baharat (arab. Gewürzmischung)
½ TL gemahlener Kreuzkümmel
abgeriebene Schale von
2 Bio-Zitronen
1 TL Backpulver
Salz
Öl zum Frittieren

Für das Naanbrot:
500 g Dinkelmehl (Type 630)
1 TL Backpulver
Salz
3 TL Schwarzkümmelsamen
¼ l Milch
3 TL Zucker
½ Würfel Hefe
2 Eier (leicht verquirlt)
200 g griechischer Joghurt
2 EL Tandoori-Paste
Mehl für die Arbeitsfläche
6 TL Ghee (alternativ Butterschmalz)

Für die Puffbohnenbällchen die Kichererbsen in einer großen Schüssel mit der doppelten Menge Wasser über Nacht einweichen.

Am nächsten Tag die dicken Bohnen etwa 3 Minuten in kochendem Salzwasser blanchieren. Abgießen, kalt abschrecken und aus den Häutchen drücken. Schalotten und Knoblauch schälen, beides in feine Würfel schneiden. Petersilie und Koriander waschen, trocken schütteln und die Blätter abzupfen.

Kichererbsen abgießen und gut abtropfen lassen. Mit Bohnen, Schalotten, Knoblauch und Kräutern vermischen. Die Masse zweimal durch die feine Scheibe des Fleischwolfs drehen. Anschließend Kichererbsenmehl, Gewürze, Zitronenschale, Backpulver, 1 TL Salz sowie 5 EL Wasser hinzufügen und mit den Händen zu einem glatten, homogenen Teig verarbeiten. Abdecken und 1 Stunde im Kühlschrank ruhen lassen.

Aus dem Teig mit angefeuchteten Händen walnussgroße Kugeln formen. Die Kugeln fest zusammendrücken, damit sie beim Frittieren nicht auseinanderfallen.

Das Öl in einem hohen Topf auf 180 °C erhitzen. Das Öl ist heiß genug, wenn an einem hineingehaltenen Holzlöffelstiel Bläschen aufsteigen. Die Bohnenbällchen darin etwa 4 Minuten frittieren, bis sie goldbraun sind. Herausheben und auf Küchenpapier abtropfen lassen.

Für das Naanbrot das Mehl mit dem Backpulver, 1 TL Salz und Schwarzkümmelsamen in einer Schüssel mischen. In die Mitte eine Mulde drücken.

Die Milch mit dem Zucker in einem Topf auf etwa 37 °C erwärmen. Die Hefe hineinbröckeln und verrühren, bis sie sich aufgelöst hat. In einer Schüssel die Eier mit dem Joghurt und der Tandoori-Paste verrühren. Die Hefemilch hinzufügen und rühren, bis sich alles vermischt hat. In die Mulde der Mehlmischung gießen und alles zu einem Teig verarbeiten. Den Teig auf der leicht bemehlten Arbeitsfläche von Hand oder in der Küchenmaschine etwa 10 Minuten kneten, bis er glatt und elastisch ist. Zugedeckt an einem warmen Ort etwa 1 Stunde

Für den Salat:
1 Bio-Salatgurke
200 g Kirschtomaten
1 rote Zwiebel
2 Römersalatherzen
200 g griechischer Joghurt
2 EL Olivenöl
1 TL Zitronensaft
Salz
1 TL Sumach (türk. Gewürz)

Für 6–8 Personen
ca. 1 Std. Zubereitung
ca. 12 Std. Einweichzeit
ca. 1 Std. Gehzeit

gehen lassen, bis sich sein Volumen verdoppelt hat (die Gehzeit kann je nach Temperatur variieren).

Aus dem Teig 16 gleich große Portionen abstechen und diese auf der bemehlten Arbeitsfläche zu flachen Fladen formen. In einer breiten Pfanne das Ghee erhitzen und die Fladen darin portionsweise bei mittlerer Hitze auf beiden Seiten 4 bis 5 Minuten braten. Dabei einen Topfdeckel auf die Pfanne legen, dadurch gehen die Brote besser auf. Die Naanbrote bei 60 °C im Ofen warm halten, bis alle Brote gebacken sind. Puffbohnenbällchen mit dem Salat und Naanbrot anrichten.

Für den Salat die Gurke putzen und wie die Tomaten waschen. Beides grob würfeln. Zwiebel schälen und in feine Ringe schneiden. Salat putzen, in die einzelnen Blätter zerteilen, waschen, trocken schleudern und in einer Schüssel mit dem anderen Gemüse mischen. Mit Joghurt, Olivenöl, Zitronensaft, Salz und Sumach mischen und ggf. nochmals abschmecken.

ROTE-BETE-SPAGHETTI

mit Ricottatalern und Pilzen

2 kg Rote Beten
Salz
400 g kleine Kräuterseitlinge
4 EL Olivenöl
1 TL Sojasauce
2 EL Haselnussöl (alternativ anderes Nussöl)
4 EL hochwertiger Aceto balsamico
45 g Mehl
½ TL Backpulver
1 Bund Schnittlauch
1 Bund Petersilie
3 Eigelb
300 g Ricotta
75 g geriebener Pecorino
abgeriebene Schale von 2 Bio-Zitronen
Pfeffer aus der Mühle
2 Eiweiß

Für 6–8 Personen
ca. 50 Min. Zubereitung

Die Roten Beten schälen und mit dem Spiralschneider in Spaghettiform schneiden, dabei am besten Einweghandschuhe tragen, denn die Roten Beten färben stark ab. In einem Topf Salzwasser zum Kochen bringen, die Rote-Bete-Spaghetti hineingeben und 2 bis 3 Minuten bissfest blanchieren. In ein Sieb abgießen und kalt abschrecken.

Die Pilze putzen, je nach Größe in Scheiben schneiden, halbieren oder vierteln. 2 EL Olivenöl in einer weiten Pfanne erhitzen und die Pilze darin bei starker Hitze unter gelegentlichem Wenden etwa 5 Minuten scharf anbraten. Mit Sojasauce würzen. Vom Herd nehmen, die Pilze mit dem Haselnussöl und Aceto balsamico beträufeln und marinieren.

Den Backofen auf 100 °C vorheizen. Mehl und Backpulver mischen. Schnittlauch und Petersilie waschen und trocken schütteln. Schnittlauch in feine Röllchen schneiden. Die Petersilienblätter abzupfen und fein hacken. Die Eigelbe mit Ricotta, Mehl, Pecorino und Zitronenschale zu einem glatten Teig verrühren. Die Kräuter in den Teig rühren und mit Salz und Pfeffer würzen. Die Eiweiße mit 1 Prise Salz steif schlagen. Den Eischnee unter den Teig heben.

Das restliche Olivenöl in einer beschichteten Pfanne erhitzen. Für jeden Taler 1 gehäuften Esslöffel Teig hineingeben, etwas flach drücken und bei mittlerer Hitze auf jeder Seite 5 Minuten goldbraun braten. Ricottataler im Ofen auf der mittleren Schiene warm halten, bis der Teig komplett verbraucht ist.

Die Rote-Bete-Spaghetti mit den marinierten Pilzen und den Ricottatalern anrichten. Nach Belieben mit fein gehobelten Mini-Rote-Bete-Scheiben und jungen Mangoldblättern garnieren.

Für den Boden:
2 große Auberginen
Salz · 3 EL Olivenöl

Für die Linsencreme:
2 Schalotten
1 Knoblauchzehe
4 Softaprikosen
2 große getrocknete Datteln
(ohne Stein)
2 EL Olivenöl
150 g rote Linsen
300 ml Gemüsebrühe
2 EL Tahin (Sesampaste)
Salz · Saft und abgeriebene Schale
von 1 Bio-Zitrone
1 EL Ras el-Hanout

Für das Lammragout:
2 EL Öl · 500 g Lammhackfleisch
2 Zwiebeln · 1 Knoblauchzehe
1 EL Tomatenmark
75 ml Rotwein · 150 ml Lammbrühe
400 g gehackte Tomaten (aus
der Dose) · 1 getrocknetes Lorbeerblatt
1 TL Baharat (arab. Gewürzmischung)
1 TL gemahlener Kreuzkümmel · Salz

Außerdem:
100 g Brunnenkresse
12 kleine bunte Tomaten
6 Softaprikosen
50 g geröstete Pinienkerne
1 TL Sumach (türk. Gewürz)
2 EL Schwarzkümmelsamen

Für 6–8 Personen
ca. 40 Min. Zubereitung
ca. 30 Min. Ziehzeit
ca. 1 Std. Garzeit

AUBERGINEN-„PIZZA“

mit Lammragout, Linsencreme und Brunnenkresse

Für den Boden die Auberginen putzen, waschen, der Länge nach in etwa 1½ cm dicke Scheiben schneiden, sodass 6 bis 8 Scheiben entstehen. 1 EL Salz gleichmäßig und beidseitig auf die Auberginenscheiben streuen. Die Scheiben etwa 30 Minuten auf Küchenpapier ziehen lassen. Den Backofen auf 180 °C vorheizen. Ein Backblech mit Backpapier belegen. Anschließend das Salz leicht abreiben. Die Auberginen auf beiden Seiten mit Olivenöl einstreichen und auf das Backpapier legen.

Im Ofen auf der mittleren Schiene etwa 20 Minuten backen. Die Auberginen sollten weder zu weich noch zu fest sein.

Für die Linsencreme die Schalotten und den Knoblauch schälen und in feine Würfel schneiden. Aprikosen und Datteln in Würfel schneiden. Das Olivenöl in einem Topf erhitzen. Schalotten und Knoblauch darin bei mittlerer Hitze glasig dünsten. Aprikosen, Datteln und Linsen zu den Schalotten geben. Brühe dazugießen und zugedeckt 15 Minuten garen, bis die Flüssigkeit fast vollständig aufgenommen ist und die Linsen weich sind.

Leicht abkühlen lassen und mit Sesampaste, Salz, Zitronensaft und -schale sowie Ras el-Hanout im Küchenmixer oder mit dem Stabmixer cremig pürieren. Nochmals abschmecken.

Für das Lammragout das Öl in einem großen Topf erhitzen und das Hackfleisch darin bei mittlerer Hitze unter häufigem Rühren 10 Minuten braten, bis es gleichmäßig gebräunt ist. Zwiebeln und Knoblauch schälen und in feine Würfel schneiden. Die Hitze reduzieren, Zwiebeln und Knoblauch zum Hack geben und 5 Minuten anbraten. Das Tomatenmark einrühren und mit Rotwein ablöschen. Kurz köcheln lassen, damit der Alkohol verdampft. Lammbrühe, Tomaten und Gewürze dazugeben und unterrühren. Mit Salz würzen und 30 Minuten köcheln lassen, bis das Ragout eingedickt ist und kräftig würzig schmeckt.

Die Brunnenkresse waschen und trocken schütteln. Die Tomaten waschen und vierteln. Die Aprikosen in Streifen schneiden. Die Linsencreme auf die Auberginenscheiben streichen. Das Lammragout gleichmäßig darauf verteilen. Tomaten, Pinienkerne, Aprikosen und Brunnenkresse auf der „Pizza“ anrichten. Sumach und Schwarzkümmelsamen darüberstreuen.

Aus der orientalischen Küche sind Sumach und Baharat nicht wegzudenken. Sumach wird aus den Früchten des Sumachbaums gewonnen und hat eine angenehme Säure und Frische. Baharat ist eine Gewürzmischung, die unter anderem Kreuzkümmel, Zimt, Koriander, Muskatnuss und Kardamom enthält.

CALAMARETTI

mit gerösteter Paprika und Chorizo-Bohnencreme

Für die Paprika:
4 rote Spitzpaprikaschoten
4 gelbe Spitzpaprikaschoten
3 EL Olivenöl

Für die Bohnencreme:
300 g Chorizo (span. Paprikawurst)
5 EL Olivenöl
1 Zwiebel
1 Knoblauchzehe
2 Dosen Cannellinibohnen (à 400 g)
50 ml Weißwein
150 ml Gemüsebrühe
Saft und abgeriebene Schale von
1 Bio-Zitrone
Salz · Pfeffer aus der Mühle

Für die Calamaretti:
20 Calamaretti
2 EL Olivenöl
1 EL Butter
3 angedrückte Knoblauchzehen
1 Spritzer Zitronensaft
Fleur de Sel

Für 6–8 Personen
ca. 1 Std. Zubereitung

Für die Paprika den Backofengrill vorheizen. Die Paprikaschoten längs halbieren, entkernen und waschen. Mit den Schnittflächen nach unten nebeneinander auf ein Backblech legen und mit dem Olivenöl bestreichen. Die Paprika auf der obersten Schiene des Backofens grillen, bis die Haut schwarz wird und Blasen wirft. Aus dem Ofen nehmen, ein kaltes, feuchtes Geschirrtuch darauflegen und 5 Minuten dämpfen lassen. Die Paprika häuten.

Für die Bohnencreme die Chorizo, falls nötig, häuten und in Würfel schneiden. In einem Topf 1 EL Olivenöl erhitzen und die Chorizowürfel darin knusprig anbraten. In ein Sieb abgießen und dabei das Chorizo-Öl auffangen. Die knusprigen Chorizowürfel beiseitestellen.

Zwiebel und Knoblauch schälen, Zwiebel in feine Würfel schneiden. Die Bohnen in ein Sieb abgießen und abtropfen lassen. Das Chorizo-Öl in einem Topf erhitzen und die Zwiebel darin glasig dünsten. Bohnen und zerdrückten Knoblauch hinzufügen, 5 Minuten garen und mit Wein ablöschen. Einige Minuten köcheln lassen, damit der Alkohol verkocht. Mit der Brühe aufgießen und bei mittlerer Hitze etwa 10 Minuten kochen. Alles mit dem restlichen Olivenöl, Zitronensaft und -schale im Küchenmixer oder mit dem Stabmixer pürieren. Die Creme abschmecken und die Chorizowürfel unterrühren.

Für die Calamaretti die Haut und die Seitenflossen der Calamaretti unter fließendem kaltem Wasser abziehen. Die Fangarme und das Chitinstück aus der Tube ziehen. Tuben von innen unter fließendem kaltem Wasser waschen. Die Fangarme mit einem scharfen Messer knapp über den Augen so vom Kopf trennen, dass die Arme miteinander verbunden bleiben. Das Kauwerkzeug herausdrücken. (Wem das zu aufwendig ist, der kauft die Calamaretti küchenfertig.)

Die Tuben flach auf ein Brett legen und von beiden Seiten mit einem scharfen Messer mehrfach quer einschneiden. In einer großen Pfanne das Olivenöl stark erhitzen und die Calamaretti darin auf jeder Seite 1 Minute braten. Butter und Knoblauch nach der Hälfte der Zeit dazugeben. Mit Zitronensaft und Fleur de Sel würzen. Die Calamaretti mit Paprika und Bohnencreme anrichten.

HAFERPUDDING

mit Himbeerkompott und Schokoladen-Hafer-Crunch

Für den Haferpudding:
125 g kernige Haferflocken
1 l Haferdrink
2 Päckchen Puddingpulver mit Sahnegeschmack
80 g Rohrohrzucker
½ TL gemahlene Vanille

Für den Schokoladen-Hafer-Crunch:
80 g Haferperls Natur
80 g Haferperls Schoko
300 g weiße Schokolade
2 EL Pflanzenöl

Für das Himbeerkompott:
200 g Himbeeren (tiefgekühlt)
150 g frische Himbeeren
100 g Himbeerkonfitüre
1 EL Himbeergeist
1 Prise gemahlene Vanille

Für 6–8 Personen
ca. 45 Min. Zubereitung
ca. 1 Std. Kühlzeit

Für den Haferpudding den Backofen auf 180 °C vorheizen. Die Haferflocken auf einem mit Backpapier belegten Backblech verteilen und im Ofen auf der mittleren Schiene 15 Minuten rösten. Anschließend in einen Topf geben und mit der Hälfte des Haferdrinks aufgießen. Aufkochen und die Haferflocken weich garen. Im Hochleistungsmixer fein pürieren. Durch ein feines Sieb passieren und den restlichen Haferdrink unterrühren. Zurück in den Topf geben. Beide Päckchen Puddingpulver nach Packungsanweisung mit dem Haferdrink und dem Zucker zubereiten. Die Vanille unterrühren. Den Pudding in eine Schüssel geben, Frischhaltefolie direkt darauflegen, damit sich keine Haut bildet, und Pudding erkalten lassen.

Für den Schokoladen-Hafer-Crunch eine ofenfeste Form (20 × 30 cm) mit Backtrennspray einsprühen und mit Backpapier auslegen. In einer Schüssel die Haferperls mischen. Die Schokolade grob hacken und in einer Metallschüssel über dem heißen Wasserbad schmelzen. Das Öl einrühren und die Schokolade unter die Haferperls mischen. Die Schokoladen-Hafer-Mischung in die vorbereitete Form füllen und festdrücken. Mit Frischhaltefolie abdecken und kühl stellen. Sobald die Masse ausgehärtet ist, in kleine Stücke brechen.

Inzwischen **für das Himbeerkompott** die Tiefkühl-Himbeeren in einem Sieb auftauen lassen. Frische Himbeeren putzen, eventuell vorsichtig in stehendem Wasser waschen und mit Küchenpapier trocken tupfen. Die Konfitüre in einem kleinen Topf aufkochen, Himbeergeist hinzufügen und die aufgetauten Himbeeren unterrühren. Anschließend vorsichtig die frischen Beeren unterheben. Mit Vanille aromatisieren.

Den Pudding mit Himbeerkompott und Schokoladen-Hafer-Crunch anrichten.

„Beim Abschmecken des Puddings sollte man nicht mehrmals denselben Löffel benutzen, da im menschlichen Speichel Amylase enthalten ist – ein Enzym, das Stärke zersetzt und den Pudding wieder flüssig werden lassen kann.“

Käsekuchen geht immer! Dieser hier ist zudem noch ein richtiger Hingucker.

CHEESECAKE-CREME

mit Beerenkompott und Vanille-Crumble

Für die Cheesecake-Creme:
175 g Butter
750 g Doppelrahm-Frischkäse
200 g Crème fraîche
375 g Zucker
9 Eier (Größe M)
1 Prise gemahlene Vanille
Salz
Butter für die Form

Für den Vanille-Crumble:
250 g Butter
200 g Zucker
400 g Mehl
1 TL gemahlene Vanille
Salz

Für das Beerenkompott:
200 g Waldbeeren-Mischung (tiefgekühlt)
150 g frische Beeren (z. B. Erdbeeren, Himbeeren, Rote Johannisbeeren, Stachelbeeren)
100 g Waldbeerenkonfitüre
1 EL Rum oder Orangenlikör

Für 6–8 Personen
ca. 30 Min. Zubereitung
ca. 1 Std. Backzeit
ca. 12 Std. Kühlzeit

Am Vortag **für die Cheesecake-Creme** den Ofen auf 180 °C vorheizen. Die Butter in einem kleinen Topf zerlassen. Frischkäse, Crème fraîche und Zucker mit dem Schneebesen zu einer glatten Masse verrühren. Die Eier zu der Frischkäsemasse geben und unterrühren. Zum Schluss die flüssige Butter, Vanille und 1 Prise Salz dazugeben und alles gut verrühren.

Die Ofentemperatur auf 160 °C reduzieren. Die Masse in eine gefettete Auflaufform oder ein tiefes Backblech geben und im Ofen auf der mittleren Schiene etwa 40 Minuten backen. Den noch warmen Kuchen in ein hohes Gefäß füllen und mit dem Stabmixer zu einer glatten Creme mixen. Die Creme in eine flache Schüssel füllen und mit Frischhaltefolie abgedeckt über Nacht kühl stellen.

Am nächsten Tag **für den Vanille-Crumble** den Backofen auf 180 °C vorheizen. Ein Backblech mit Backpapier auslegen. Alle Zutaten und 1 Prise Salz in einer Schüssel zu einem Streuselteig verkneten. Die Streusel auf dem Backpapier verteilen und im Ofen auf der mittleren Schiene 10 bis 15 Minuten goldgelb backen.

Für das Beerenkompott die Tiefkühl-Waldbeeren in einem Sieb auftauen lassen. Frische Beeren putzen, eventuell vorsichtig in stehendem Wasser waschen und mit Küchenpapier trocken tupfen. In einem kleinen Topf die Konfitüre aufkochen, Rum oder Likör hinzufügen und die aufgetauten Waldbeeren unterrühren. Anschließend vorsichtig die frischen Beeren unterheben.

Die Cheesecake-Creme mithilfe eines Spritzbeutels auf Dessertteller dressieren und mit Beerenkompott und Vanille-Crumble anrichten.

Schnelles Abendessen

Das gemeinsame Kochen und Essen am Abend war für meine Mama und mich immer gesetzt – da konnte kommen, was wollte. Und das, obwohl Mutsch mich allein großgezogen und täglich von morgens bis abends im Laden gestanden hat. Klar waren die Gerichte häufig einfach, aber immer frisch gekocht, und uns beiden war es wirklich wichtig, gemeinsam zu essen und dabei am Ende des Tages das Erlebte miteinander zu teilen.

Zeitgeist und Arbeitsleben lassen zum gemeinsamen Essen im Alltag heute kaum noch Raum. Das schnelle Frühstück vor Verlassen des Hauses geschieht in Hektik, das Mittagessen findet in der Arbeit statt oder ist „to go". Das Abendessen wird so zur einzigen Mahlzeit, die in der Familie überhaupt noch ein entspanntes Zusammensein erlaubt. Dabei sind solche Momente so wichtig. Vielleicht schaffen es ja meine Rezepte, alle auch während der Woche abends wieder häufiger an einen Tisch zu bringen.

OFFENE LASAGNE

mit Gemüseragout, Taggiasca-Oliven und Büffelmozzarella

2 Auberginen
je 1 gelbe und grüne Zucchini
je 1 rote und gelbe Paprikaschote
1 rote Zwiebel
1 Bund Basilikum
2 EL Olivenöl
1 Dose gehackte Tomaten (ca. 400 g)
4 EL hochwertiger Aceto balsamico
Pfeffer aus der Mühle
abgeriebene Schale von
1 Bio-Zitrone · Salz
500 g Lasagneblätter
250 g Mini-Büffelmozzarellakugeln
50 g Pinienkerne
50 g getrocknete Tomaten
(in Öl eingelegt)
ca. 90 g Oliventapenade
(aus dem Feinkosthandel)
ca. 180 g Taggiasca-Oliven
(ohne Stein)
gutes Olivenöl zum Beträufeln

Für 6–8 Personen
ca. 25 Min. Zubereitung
ca. 20 Min. Garzeit

Auberginen und Zucchini putzen und waschen. Paprikaschoten längs halbieren, entkernen und waschen. Die Zwiebel schälen. Das Gemüse in gleich große Würfel schneiden. Das Basilikum waschen und trocken schütteln, die Blätter abzupfen und fein hacken.

Das Olivenöl in einer Pfanne erhitzen und das Gemüse darin unter Rühren rundum anbraten. Die Dosentomaten dazugeben und alles bei starker Hitze unter ständigem Rühren 10 Minuten schmoren. Mit 2 EL Aceto balsamico, Pfeffer, Zitronenschale, ½ TL Salz und dem Basilikum würzen.

Die Lasagneblätter nach Packungsanweisung in kochendem Salzwasser bissfest garen. Herausnehmen und die Blätter einzeln auf einem Küchentuch abtropfen lassen.

Die Mozzarellakugeln in gleich große Stücke zerteilen. Die Pinienkerne in einer Pfanne ohne Fett rösten. Die getrockneten Tomaten abtropfen lassen und in Streifen schneiden.

Die Nudelblätter halbieren und mit dem Gemüseragout, dem Mozzarella und der Oliventapenade auf Tellern anrichten. Die offene Lasagne mit gerösteten Pinienkernen, Tomatenstreifen und Oliven bestreuen und mit Olivenöl und dem restlichen Aceto balsamico beträufeln.

„Ich verwende gern Taggiasca-Oliven. Die fleischigen, aromatischen Olivenbaumfrüchte kommen aus Ligurien. Benannt sind sie nach der Stadt Taggia (taggiasca: aus Taggia).“

Mein Herz schlägt für die orientalische Küche – wie schön, dass man sich deren Aromenvielfalt dank zahlreicher Gewürze auch auf den heimischen Teller holen kann.

BRATHÄHNCHENSALAT

nach marokkanischer Art

Für den Salat:
300 g Instant-Couscous
2 EL mar. Gewürzmischung
1 TL Schwarzkümmelsamen
Salz · 300 ml Hühnerbrühe
3 EL Olivenöl
1 ganzes fertiges Brat- oder Grillhähnchen · 6 Mini-Bio-Gurken
6 rote und gelbe Mini-Paprikaschoten
5 Kumato-Tomaten (ersatzweise eine andere Sorte)
4 Stangen Staudensellerie
je 1 grüne und gelbe Zucchini
100 g Softaprikosen
50 g grüne Oliven (ohne Stein)
50 g Petersilie

Für das Dressing:
100 ml Olivenöl · 50 ml Haselnussöl
50 ml Zitronensaft
1 gehackte milde Chilischote
1 gehackte Knoblauchzehe · Salz
2 gehackte Salzzitronen
(aus dem Feinkostladen)
4 EL Apfeldicksaft

Außerdem:
150 g griechischer Joghurt
¼ TL Harissapaste
Fleur de Sel · 2 EL Olivenöl
250 g Pimientos de Padrón
(span. Bratpaprika)

Für 6–8 Personen
ca. 30 Min. Zubereitung

Für den Salat den Couscous mit den Gewürzen und ½ TL Salz in eine Schüssel füllen und vermischen. Die Brühe aufkochen und gleichmäßig über den Couscous gießen. Mit Frischhaltefolie abdecken und 5 Minuten quellen lassen, bis der Couscous die Flüssigkeit vollständig aufgenommen hat. Dann mit einer Gabel auflockern und mit dem Olivenöl verfeinern.

Die knusprige Haut des Brathähnchens abziehen und in feine Streifen schneiden. Das Hähnchenfleisch vom Knochen lösen und in kleine Stücke zupfen.

Die Gurken waschen und in dünne Scheiben schneiden. Die Paprika längs halbieren, entkernen, waschen und in feine Streifen schneiden. Die Tomaten waschen, halbieren und die Tomaten in kleine Würfel schneiden, dabei die Stielansätze entfernen.

Den Sellerie putzen, falls nötig, die Fäden abziehen, waschen und schräg in feine Scheiben schneiden. Die Zucchini putzen, waschen, vierteln und entkernen. Die Zucchiniviertel schräg in feine Rauten schneiden.

Die Aprikosen in feine Streifen schneiden und die Oliven vierteln. Die Petersilie waschen und trocken schütteln, die Blätter abzupfen und in feine Streifen schneiden.

Alles mit dem Brathähnchenfleisch vermischen und den Couscous hinzufügen. Vorsichtig unterrühren.

Für das Dressing Olivenöl, Haselnussöl, Zitronensaft, Chili, Knoblauch, 1 Prise Salz, Salzzitronen und Apfeldicksaft verrühren und, falls nötig, noch abschmecken. Das Dressing über den Salat geben und vermischen.

Den Joghurt mit Harissa und Fleur de Sel verrühren. Auf dem angerichteten Salat portionsweise gleichmäßig verteilen.

In einer Pfanne das Olivenöl erhitzen und die Pimientos de Padrón bei starker Hitze rundum 3 bis 4 Minuten braten, bis sie weich sind. Mit Fleur de Sel würzen. In einer separaten Schüssel zu dem Salat servieren und zum Garnieren einige auf dem Salat verteilen.

„Die Rezepte sind immer für je drei Brote/Sandwiches berechnet. Der Gedanke dazu war, dass man bei einem gemeinsamen Abendessen diese drei Brotzeiten zubereitet. Anschließend, im Ganzen oder noch mal halbiert, alle auf den Tisch stellt und jeder nimmt sich, was er möchte.“

GEGRILLTES KÄSESANDWICH

mit Bacon

6 Scheiben Cider-Käse-Brot (siehe S. 18; alternativ Sandwichtoast)
120 g Butter
je 100 g geriebener Cheddar, Gouda und Comté
18 Scheiben Bacon (Frühstücksspeck)

Für 3 Sandwiches
ca. 25 Min. Zubereitung

Die Brotscheiben beidseitig mit etwas Butter bestreichen. Die geriebenen Käsesorten in einer Schüssel mischen.

Auf der Arbeitsplatte 3 Scheiben Bacon vertikal und 3 Scheiben horizontal übereinanderlegen, sodass ein Kreuz entsteht.

Eine gebutterte Brotscheibe mittig daraufsetzen und ein Drittel des Käses darauf verteilen. Mit einer weiteren Scheibe Brot bedecken und fest zusammendrücken. Das Käsebrot mit den Baconscheiben straff umwickeln. Die restlichen Zutaten zu 2 weiteren Sandwiches verarbeiten.

Die restliche Butter in einer Pfanne bei mittlerer Temperatur erhitzen und die Sandwiches darin bei schwacher auf beiden Seiten Hitze 8 bis 10 Minuten goldgelb und knusprig braten.

„Mit dem selbst gemachten Tomaten-Vanille-Ketchup servieren (siehe S. 21) oder einen frischen Blattsalat dazu reichen.“

NORDSEEKRABBEN-SANDWICH

mit Parmesan-Aioli und Perlzwiebel-Radieschen-Salat

2 Knoblauchzehen (nach Geschmack)
75 ml Milch
Salz
200 ml Traubenkernöl
2 EL Zitronensaft
80 g geriebener Parmesan
1 große Fenchelknolle
2 EL Olivenöl
1 EL Estragonessig (alternativ Balsamico bianco)
1 TL Rohrohrzucker
100 g eingelegte Perlzwiebeln
40 g Petersilie
3 Frühlingszwiebeln
1 Bund Radieschen
1 EL Kapern (Nonpareilles)
2 EL Limonen-Olivenöl
2 Römersalatherzen
3 Scheiben saftiges Vollkornbrot (siehe S. 113; alternativ Pumpernickel)
150 g Nordseekrabben
1 Schale Gartenkresse
grob gemahlener Pfeffer

Für 3 Sandwiches
ca. 30 Min. Zubereitung

Die Knoblauchzehen mit Milch und ½ TL Salz in einem hohen Rührbecher mit dem Stabmixer pürieren. Das Traubenkernöl zuerst tröpfchenweise, dann in dünnem Strahl einlaufen lassen, bis eine Emulsion entstanden ist. 1 EL Zitronensaft und den Parmesan unterrühren und die Aioli abschmecken.

Den Fenchel putzen, halbieren, waschen und auf dem Gemüsehobel sehr fein hobeln. Mit Olivenöl, Essig, je ½ TL Salz und Zucker mischen. Leicht durchkneten, sodass der Fenchel seine feste Struktur verliert.

Die Perlzwiebeln je nach Größe vierteln oder halbieren und in eine Schüssel füllen. Petersilie waschen und trocken schütteln, die Blätter abzupfen und fein hacken. Die Frühlingszwiebeln putzen, waschen und in feine Ringe schneiden. Die Radieschen putzen, waschen und auf dem Gemüsehobel in feine Scheiben hobeln, anschließend in Julienne (Stifte) schneiden. Die Kapern abtropfen lassen und hacken. Alles zu den Perlzwiebeln geben. Limonen-Olivenöl, übrigen Zitronensaft, ½ TL Salz und restlichen Zucker hinzufügen und gut vermischen.

Die Salatherzen putzen, den Strunk entfernen und den Salat in die einzelnen Blätter teilen. Gründlich waschen und trocken schütteln.

Brotscheiben im Toaster rösten und mit der Parmesan-Aioli bestreichen. Die Salatblätter darauflegen und mit dem Fenchel belegen. Die Nordseekrabben und den Perlzwiebel-Radieschen-Salat gleichmäßig darauf verteilen. Die Kresse vom Beet schneiden, waschen, trocken schütteln und die Brote damit garnieren. Zum Schluss den Pfeffer darüberstreuen.

AVOCADO-ZIEGENKÄSE-SANDWICH

mit gegrillten Tomaten und pochierten Eiern

5 EL Weißweinessig
Salz
6 Eier (Größe M)
Fleur de Sel
2 rote Zwiebeln
3 EL Butter
3 Scheiben Weißbrot (ca. 2 cm dick)
3 Roma-Tomaten
Zucker
1 EL Olivenöl
1 TL Sumach (türk. Gewürz)
1 TL abgeriebene Bio-Limettenschale
Chiliflocken
30 g Erbsensprossen (alternativ Sprossen nach Wahl oder Kresse)
3 Ziegenfrischkäsetaler (à 40 g)
2 Avocados
2 EL Limonen-Olivenöl
1 Spritzer Limettensaft

Für 3 Sandwiches
ca. 35 Min. Zubereitung

Wasser in einem Topf zum Kochen bringen, Essig und 1 Prise Salz hinzufügen. Dann die Temperatur auf die kleinste Stufe herunterschalten und das Wasser mit einem Löffel so rühren, dass ein leichter Strudel entsteht. Jedes Ei einzeln in eine Suppenkelle aufschlagen und langsam in das Wasser gleiten lassen. Die Eier sollten 4 bis 5 Minuten ziehen. Vorsichtig mit einer Schaumkelle aus dem Wasser heben. Mit Fleur de Sel würzen.

Die Zwiebeln schälen und auf dem Gemüsehobel in ganz feine Scheiben hobeln. Anschließend in einer Schüssel mit ½ TL Salz verkneten und mit kaltem Wasser bedecken. 10 Minuten stehen lassen, dann in ein Sieb abgießen.

In einer Pfanne 2 EL Butter bei mittlerer Hitze zerlassen und die Brotscheiben darin auf beiden Seiten goldgelb anbraten.

Die Tomaten waschen und längs dritteln, dabei die Stielansätze entfernen. Die Tomatenscheiben auf beiden Seiten mit je 1 Prise Salz und Zucker bestreuen. In einer Grillpfanne das Olivenöl erhitzen und die Tomatenscheiben darin auf beiden Seiten grillen, dabei zum Schluss die restliche Butter dazugeben.

Sumach, 2 TL Fleur de Sel, Limettenschale und 1 Prise Chiliflocken mischen. Die Sprossen in einem Sieb heiß abbrausen und abtropfen lassen.

Den Ziegenkäse in haselnussgroße Stücke zupfen. Die Avocados halbieren, jeweils den Stein entfernen und das Fruchtfleisch mit einem Löffel aus der Schale lösen. In eine Schüssel geben und mit einer Gabel grob zerdrücken. Das Limonen-Olivenöl, den Limettensaft und 1 Prise Salz unterheben.

Die Avocadocreme auf die Brotscheiben streichen. Jeweils 3 Scheiben gegrillte Tomaten und etwas Ziegenkäse darauf verteilen. Die pochierten Eier daraufsetzen und mit den Zwiebeln und Sprossen garnieren. Zuletzt die Gewürzmischung großzügig über die Brote streuen.

Wer das Fleisch nicht medium rare mag, lässt es einfach etwas länger im Ofen.

STEAK-SANDWICH

mit Tomaten, Artischocken und Pilzen

2 Ochsenherztomaten
200 g Artischockenherzen (in Olivenöl eingelegt)
180 g Taggiasca-Oliven (ohne Stein, in Olivenöl eingelegt)
1 Bund Frühlingszwiebeln
300 g Mini-Kräuterseitlinge
2 EL Butter
4 Scheiben Roggenmischbrot oder Krustenbrot
8 Scheiben Taleggio-Käse (à ½ cm dick)
2 EL Traubenkernöl
Zucker
3 EL Sojasauce
2 Roastbeefsteaks (à 250 g)
Fleur de Sel
50 g Basilikum
180 g Pesto genovese (aus dem Glas)

Für 6–8 Personen
ca. 40 Min. Zubereitung

Den Backofen auf 200 °C (Grillfunktion) vorheizen. Ein Backblech mit Backpapier auslegen.

Die Tomaten waschen und in Scheiben schneiden, dabei die Stielansätze entfernen. Artischocken und Oliven in einem Sieb abtropfen lassen und auf Küchenpapier legen. Die Artischocken vierteln und die Oliven längs halbieren. Die Frühlingszwiebeln putzen, waschen und in feine Ringe schneiden. Die Kräuterseitlinge putzen und je nach Größe im Ganzen lassen oder kleiner schneiden.

Die Butter in einer Pfanne bei mittlerer Hitze zerlassen und die Brotscheiben darin auf beiden Seiten goldgelb anbraten. Auf das Backblech legen und den Taleggio darauf verteilen. Im Ofen auf der mittleren Schiene 10 Minuten grillen, bis der Käse geschmolzen ist und leicht an den Rändern herunterläuft. Die Backofentemperatur auf 80 °C herunterschalten, die Brote herausnehmen und mit Alufolie abdecken.

Eine Pfanne ohne Fett erhitzen und die Kräuterseitlinge darin 1 Minute anbraten. Das Traubenkernöl dazugeben und die Pilze rundum 2 bis 3 Minuten braten. Zum Schluss 1 Prise Zucker und die Sojasauce hinzufügen. Die Pilze im Ofen warm halten.

Die Steaks in einer Grillpfanne auf jeder Seite 2 Minuten scharf anbraten. In Alufolie wickeln und im Ofen bei 80 °C 6 bis 8 Minuten, je nachdem ob sie medium oder medium rare sein sollen, ruhen lassen. Herausnehmen, auf einem Brett in dünne Tranchen schneiden und großzügig mit Fleur de Sel würzen.

Zum Anrichten die Brotscheiben auf einem großen Brett oder einer Servierplatte arrangieren. Das Basilikum waschen, trocken tupfen und klein zupfen. Die Brote mit den Tomaten und Steakstreifen belegen. Darüber die Artischocken, Oliven und Kräuterseitlinge verteilen. Mit Pesto, Frühlingszwiebeln und gezupften Basilikumblättern garnieren. Wer möchte, kann noch frisch zerstoßenen Pfeffer darüberstreuen.

GEBRATENER LACHS

mit Kartoffel-Rote-Bete-Rösti und Apfel-Gurken-Dip

Für die Rösti:
800 g festkochende Kartoffeln
600 g Rote Beten
Salz
3 EL Speisestärke
6 EL Butterschmalz

Für den Dip:
4 Granny-Smith-Äpfel
2 Schalotten
6 Gewürzgurken
1 Bund Schnittlauch
200 g Schmand
100 g saure Sahne
50 g Mayonnaise
abgeriebene Schale von 1 Bio-Zitrone
3 EL Gewürzgurkensud
(aus dem Glas)
Salz

Für den Lachs:
3 Lachsfilets (à 200 g, mit Haut)
Öl zum Bestreichen
2 EL Butter
Fleur de Sel

Für 6–8 Personen
ca. 30 Min. Zubereitung
ca. 45 Min. Garzeit

Für die Rösti den Backofen auf 80 °C vorheizen. Kartoffeln und Rote Beten schälen. Dabei am besten Einweghandschuhe tragen, denn die Roten Beten färben stark ab. Anschließend auf der Gemüsereibe in eine Schüssel raspeln und salzen. 10 Minuten ziehen lassen, dann in ein Sieb abgießen. Die Masse mit der Stärke vermischen. Die Kartoffelmasse sollte feucht, aber nicht zu wässrig rein.

Für jede Rösti 2 EL Butterschmalz in einer Pfanne erhitzen. Die Kartoffelmasse dritteln, ein Drittel in die Pfanne geben und leicht andrücken. Bei mittlerer Hitze 5 bis 8 Minuten braten, vorsichtig wenden und weitere 5 bis 8 Minuten braten. Die Rösti sollte von beiden Seiten knusprig gebraten sein. Die Rösti im Ofen warm halten und zum Servieren vierteln.

Für den Dip die Äpfel nach Belieben schälen, vierteln, entkernen und in Würfel schneiden. Die Schalotten schälen und in feine Würfel schneiden. Die Gewürzgurken abtropfen lassen und ebenfalls in Würfel schneiden. Den Schnittlauch waschen, trocken schütteln und in Röllchen schneiden.

Schmand, saure Sahne und Mayonnaise in einer Schüssel verrühren. Die Apfel-, Schalotten- und Gurkenwürfel untermengen. Zitronenschale sowie den Gurkensud hinzufügen und den Dip mit Salz würzen. Den Schnittlauch unterheben.

Für den Lachs die Lachsfilets waschen und trocken tupfen. Die Filets längs halbieren, mit einem scharfen Messer die Lachshaut einritzen und mit Öl bestreichen. Eine große beschichtete Pfanne stark erhitzen und darin den Lachs mit der Hautseite nach unten 3 Minuten braten. Den Lachs wenden, die Butter hinzufügen und in der schäumenden Butter weitere 3 Minuten braten. Mit Fleur de Sel würzen. Den Lachs mit der Rösti und dem Apfel-Gurken-Dip anrichten.

QUINOABRATLINGE

mit Superfood-Salat und Caesar Dressing

Für die Bratlinge:
150 g Blattspinat (tiefgekühlt)
1 Zucchini
1 kleines Bund Schnittlauch
1 kleines Bund Petersilie
300 g gekochte weiße und rote Quinoa
1 EL Panko (asiat. Paniermehl; ggf. etwas mehr)
2 EL zarte Haferflocken
1 TL Leinsamen · 1 TL Chiasamen
100 g geriebener Fetakäse
abgeriebene Schale von 1 Bio-Zitrone
2 Eier
Salz · Pfeffer aus der Mühle
Öl zum Braten

Für das Dressing:
2 Eigelb
Saft und abgeriebene Schale von 2 Bio-Zitronen
4 EL Worcestershiresauce
1 TL Salz · 1 TL Rohrohrzucker
2 Sardellenfilets
2 EL Schmand · 285 ml Olivenöl
100 g geriebener Parmesan

Für den Salat:
je 100 g Baby-Spinat, Wildkräutersalat und junger Kale (Grünkohl)
50 g Sprossen und Kresse (nach Wahl) · 100 g Nusskernmischung

Für 6–8 Personen
ca. 30 Min. Zubereitung
(ohne Auftauzeit)

Für die Bratlinge den Spinat auftauen lassen (am besten schon morgens in den Kühlschrank stellen). Die Zucchini putzen, waschen und raspeln. Schnittlauch und Petersilie waschen, trocken schütteln, die Halme und Blätter fein schneiden.

Den Spinat gut ausdrücken und fein hacken. Mit Quinoa, Zucchini, Panko, Haferflocken, Lein- und Chiasamen, Feta sowie den Kräutern und der Zitronenschale in einer Schüssel mischen. Die Eier in die Schüssel geben. Mit Salz und Pfeffer würzen. Alles zu einer homogenen Masse verarbeiten und daraus mit angefeuchteten Händen Bratlinge formen.

Das Öl in einer Pfanne bei mittlerer Temperatur erhitzen und die Bratlinge darin auf jeder Seite etwa 4 Minuten goldbraun braten.

Für das Dressing alle Zutaten bis auf den Zitronensaft, das Olivenöl und den Parmesan in einem hohen Rührbecher mit dem Stabmixer pürieren. Die Hälfte des Olivenöls in einem feinen Strahl langsam einlaufen lassen, dabei weitermixen. Den Zitronensaft dazugeben und so viel mehr Öl unterziehen, bis eine Emulsion entsteht und das Dressing hellcremig ist. Zum Schluss den Parmesan unterrühren.

Für den Salat die verschiedenen Salatsorten waschen und trocken schleudern. Sprossen und Kresse ebenfalls waschen und trocken tupfen. In einer Schüssel Salat, Sprossen und Kresse mischen und mit dem Dressing marinieren.

Den Salat auf einer Servierplatte anrichten, die Quinoabratlinge daraufsetzen und mit der Nussmischung bestreuen.

„Die Quinoa kann bis zu 2 Tagen vorgekocht und im Kühlschrank gelagert werden. So geht die Zubereitung ganz fix. Falls die Masse zu flüssig wird, einfach etwas mehr Panko dazugeben, bis sich die Masse gut formen lässt.“

BUNTES BOHNEN-CHILI

mit würzigen Tempehwürfeln und Limettenschmand

Für das Bohnen-Chili:
je 1 Dose Kidneybohnen, weiße Riesenbohnen, Mais und Kichererbsen (à 400 g Abtropfgewicht)
2 rote Zwiebeln · 2 Knoblauchzehen
1 rote Chilischote · 3 EL Olivenöl
2 EL Tomatenmark (doppelt konzentriert)
2 TL geräuchertes Paprikapulver
1 frisches Lorbeerblatt
1 TL Kreuzkümmelsamen
1 EL Zuckerrübensirup
½ l Gemüsebrühe
1 Dose gehackte Tomaten (400 g)
1 Dose Baked Beans (400 g Abtropfgewicht)
200 g passierte Tomaten
je 50 ml Sojasauce und Sweet Chili-Sauce
Salz · Pfeffer aus der Mühle

Außerdem:
400 g Tempeh (aus dem Asialaden)
50 g Petersilie · 50 g Koriandergrün
1 Knoblauchzehe
20 g geriebener Ingwer
1 TL Chili-Öl
4 EL Sweet Chili-Sauce
3 EL Teriyaki-Sauce
2 EL Sojasauce · Öl zum Braten
250 g Schmand
Saft und abgeriebene Schale von 1 Bio-Limette · Fleur de Sel

Für 6–8 Personen
ca. 20 Min. Zubereitung
ca. 25 Min. Garzeit

Für das Bohnen-Chili Kidneybohnen, Riesenbohnen, Mais und Kichererbsen in einem Sieb abgießen und unter fließendem kaltem Wasser abwaschen. Gut abtropfen lassen.

Zwiebeln und Knoblauch schälen und in feine Würfel schneiden. Chili längs halbieren, entkernen, waschen und hacken.

In einem großen Topf das Olivenöl erhitzen und die Zwiebel- und Knoblauchwürfel darin 1 bis 2 Minuten glasig andünsten. Die Hülsenfrüchte und den Mais dazugeben. Das Tomatenmark sowie die Gewürze, den Zuckerrübensirup und die Chilischote hinzufügen, alles gut verrühren und 2 bis 3 Minuten unter ständigem Rühren dünsten, bis das Tomatenmark leicht karamellisiert. Mit Brühe, gehackten Tomaten, Baked Beans, passierten Tomaten, Sojasauce und Chilisauce auffüllen und bei mittlerer Hitze 20 Minuten köcheln lassen. Das Chili mit Salz und Pfeffer abschmecken.

Das Tempeh in 1½ ×1½ cm große Würfel schneiden. Petersilie und Koriander waschen und trocken schütteln, die Blätter abzupfen und fein hacken. Knoblauch schälen und fein würfeln. Petersilie, Koriander und Knoblauch mit Ingwer, Chili-Öl, Chilisauce, Teriyaki-Sauce und Sojasauce verrühren.

In einer Pfanne etwas Öl erhitzen und die Tempehwürfel darin rundum goldgelb anbraten. Mit der Würzmarinade verrühren und auf dem Bohnen-Chili anrichten.

Schmand mit Limettensaft und -schale verrühren und mit Fleur de Sel würzen. Als Frischekick auf dem fertig angerichteten Chili als Kleckse verteilen oder in einer Schüssel separat zum Selbstnehmen auf den Tisch stellen.

„Wenn man etwas mehr Zeit hat, kann man das Tempeh 10 Minuten dämpfen: Dadurch verschwindet der leicht bittere Nebengeschmack und die Poren öffnen sich, wodurch die Marinade besser einziehen kann.“

Selbst gemachte Fischnuggets im Asia-Style gehen fix – und schmecken einfach um Längen besser als die fertigen Nuggets aus dem Supermarkt!

KNUSPRIGE FISCHHAPPEN

mit Kokos-Wasabi-Panade und spicy Mayonnaise

Für die Fischhappen:
600 g weißes, festes Fischfilet (z. B. Kabeljau)
50 g Wasabi-Erdnüsse
50 g Panko (asiat. Paniermehl)
50 g Paniermehl
20 g Kokosraspel
4 Eiweiß
Salz
100 g Mehl
Öl zum Frittieren

Für die Mayonnaise:
2 Eigelb
Salz
2 EL Dijon-Senf
2 EL Zitronensaft
¼ l Pflanzenöl
2 EL Sriracha-Mayo (Chilicreme)
1 EL Sojasauce
1 erbsengroße Menge Wasabipaste

Für 6–8 Personen
ca. 30 Min. Zubereitung

Für die Fischhappen den Fisch waschen, trocken tupfen und in 3 × 3 cm große Würfel schneiden. Die Wasabi-Erdnüsse zerstoßen. In einer großen Schüssel die Wasabi-Erdnüsse, das Panko, das Paniermehl und die Kokosraspel mischen. In einer anderen Schüssel die Eiweiße mit 1 Prise Salz leicht anschlagen. Das Mehl in eine dritte Schüssel geben.

Die Fischwürfel im Mehl wenden, das überschüssige Mehl gut abklopfen. Die Fischwürfel durch die Eiweißmischung ziehen und zuletzt in der Pankomehlmischung wälzen, dabei die Panade gut festdrücken.

Das Öl in einem mittleren Topf auf 180 °C erhitzen. Das Öl ist heiß genug, wenn an einem hineingehaltenen Holzlöffelstiel Bläschen aufsteigen. Die panierten Fischwürfel darin portionsweise 3 bis 4 Minuten frittieren, bis sie goldbraun und durchgegart sind. Herausnehmen, auf Küchenpapier abtropfen lassen und mit Salz würzen.

Für die Mayonnaise die Eigelbe mit 1 TL Salz, Senf und Zitronensaft in einem hohen Gefäß mit dem Stabmixer pürieren. Das Öl erst tröpfchenweise, dann in einem gleichmäßig dünnen Strahl einfließen lassen. Die Mayonnaise in eine Schüssel füllen und mit Chilicreme, Sojasauce und der Wasabipaste abschmecken. Die Fischhappen mit der Mayonnaise anrichten.

„Wenn Kinder mitessen, nehme ich vor dem Abschmecken der Mayo immer etwas ab und serviere ihnen diese klassische Mayo zu den Fischhappen.“

Klassiker der Mittelmeerküche –
so schnell kommt Urlaubsfeeling
auf den Tisch!

LAMMKOTELETTS

mit Ajvar-Gnocchi und Fenchel

Für die Gnocchi:
Salz
500 g Mini-Kartoffelgnocchi (aus dem Kühlregal)
2 EL Olivenöl
ca. 200 g Ajvar (Paprika-Würzpaste; aus dem Glas)
ca. 30 g Kapern (Nonpareilles)
50 ml Gemüsebrühe
ca. 350 g eingelegte, gegrillte Paprika (aus dem Glas)
4 Frühlingszwiebeln
ca. 150 g Kapernäpfel
80 g geriebener Parmesan

Für den Fenchel:
Salz
250 g Baby-Fenchel
1 EL Olivenöl
50 ml Weißwein
1 EL Butter
Fleur de Sel
1 Spritzer Zitronensaft

Für die Koteletts:
6–8 Lammkoteletts (Schmetterlingsschnitt; à 80–100 g)
2 EL Olivenöl
1 EL Butter
½ Bund Thymian
1 Knoblauchzehe

Für 6–8 Personen
ca. 30 Min. Zubereitung

Für die Gnocchi Salzwasser aufkochen und die Gnocchi darin 3 Minuten garen, bis sie an der Oberfläche schwimmen. In ein Sieb abgießen und kalt abschrecken. Das Olivenöl in einer Pfanne erhitzen und die Gnocchi darin rundum anbraten. Ajvar, Kapern und Brühe dazugeben und erhitzen.

Die eingelegte Paprika abgießen, trocken tupfen und in feine Ringe schneiden. Die Frühlingszwiebeln putzen, waschen und in feine Streifen schneiden. Mit der Paprika kurz vor dem Servieren unter die Gnocchi heben und mit den Kapernäpfeln und dem Parmesan bestreuen.

Für den Fenchel Salzwasser in einem Topf zum Kochen bringen und den Fenchel darin etwa 2 Minuten bissfest blanchieren. Abgießen und kalt abschrecken. Auf Küchenpapier legen, trocken tupfen und halbieren. Das Olivenöl in einer Pfanne erhitzen und den Fenchel darin anbraten. Mit Wein ablöschen und die Butter dazugeben. Mit Fleur de Sel und Zitronensaft abschmecken.

Für die Koteletts unmittelbar vor dem Servieren eine Grillpfanne sehr heiß werden lassen. Die Koteletts mit Olivenöl bepinseln und bei starker Hitze auf beiden Seiten grillen, bis sich dunkle Streifen zeigen. Die Hitze reduzieren und das Fleisch auf jeder Seite 2 bis 3 Minuten braten. Kurz vor Ende der Garzeit Butter, Thymian und angedrückten Knoblauch hinzufügen.

Die Gnocchi mit den Lammkoteletts und dem Fenchel auf einer Platte anrichten.

„Wer kein Fan von Kapern(äpfeln) ist, kann diese natürlich auch weglassen."

Macht was her:
An einem fein gedeckten Tisch schmeckt das Essen gleich noch mal so gut!

CHIA-KOKOSPUDDING

mit gegrillter Ananas

Für den Gewürzsirup:
500 g Zucker
5 Gewürznelken
2 Vanilleschoten
1 Sternanis
1 Zimtstange
1 große Chilischote (ohne Kerne)
1 kleine Ingwerwurzel (in Scheiben)

Für den Pudding:
50 g Chiasamen
250 g Kokosmilch
250 g Soja-Kokos-Joghurt
Kokossirup

Für die Ananas:
1 sehr große Ananas
3 EL Rum
100 ml Gewürzsirup (siehe Rezept oben)

Für 6–8 Personen
ca. 20 Min. Zubereitung
ca. 1 Std. Kühlzeit

Für den Gewürzsirup sämtliche Zutaten mit ½ l Wasser in einem Topf aufkochen. Auf mittlerer Stufe 5 Minuten köcheln lassen, damit die Aromen durchziehen und der Zucker sich vollständig löst. Sirup mit den Gewürzen in saubere, heiß ausgespülte Flaschen oder Twist-off-Gläser füllen, verschließen und vollständig abkühlen lassen. Der Sirup hält sich mindestens 4 Wochen.

Für den Pudding die Chiasamen in die Kokosmilch rühren und quellen lassen. Dabei gelegentlich umrühren, damit es nicht klumpt. Sobald die Chiasamen aufgequollen sind, den Kokosjoghurt einrühren und mit dem Kokossirup nach Belieben abschmecken.

Für die Ananas den Backofen auf 180 °C vorheizen. Die Ananas schälen, längs vierteln und vom Strunk befreien. Die Ananasviertel in einer Grillpfanne bei starker Hitze anbraten. Mit dem Rum ablöschen und in eine Auflaufform geben. Gleichmäßig mit dem Sirup übergießen und im Ofen auf der mittleren Schiene 15 Minuten backen, dabei ein- bis zweimal mit dem Sirup überziehen, bis die Ananas durchgegart und karamellisiert ist. Aus dem Ofen nehmen und in die gewünschte Form schneiden. Mit dem Chia-Kokospudding anrichten.

„Chiasamen gelten derzeit als DAS Superfood, da sie zum Beispiel fünfmal so viel Kalzium wie Milch enthalten und einen hohen Ballaststoffgehalt haben. Die kleinen Samen einer Salbeipflanze kommen ursprünglich aus Mittelamerika."

MILCHHÖRNCHEN-SCHEITERHAUFEN

mit Kirschen und Mandeln

Butter für die Form
300 ml Milch
150 g Sahne
6 Eier (Größe M)
90 g Puderzucker
1 TL Zimtpulver
abgeriebene Schale von 1 Bio-Zitrone
Salz
400 g Mini-Milchhörnchen (mit Schokoladencreme gefüllt; Fertigprodukt)
1 Glas Schattenmorellen (ca. 370 g Abtropfgewicht)
ca. 200 g Kirschkonfitüre
80 g Mandelstifte
80 g getrocknete Sauerkirschen (alternativ getrocknete Cranberrys)
50 g Zartbitterkuvertüre-Drops
Puderzucker zum Bestäuben

Für 6–8 Personen
ca. 15 Min. Zubereitung
ca. 30 Min. Backzeit

Den Backofen auf 180 °C vorheizen. Eine Auflaufform (20 × 30 cm) mit Butter einfetten.

Milch, Sahne, Eier, Puderzucker, Zimtpulver, Zitronenschale und 1 Prise Salz in einer großen Schüssel mit einem Schneebesen kräftig verquirlen. Die Milchhörnchen längs halbieren, in eine Schale legen und die Milchmasse darübergießen. 10 Minuten in der Eiermilch einweichen.

Die Kirschen in ein Sieb abgießen. Die eingeweichten Milchhörnchen, Kirschen und Kirschkonfitüre in die Auflaufform schichten. Die übrige Eiermilch über den Auflauf verteilen. Mit Mandelstiften, getrockneten Kirschen und Schokoladen-Drops gleichmäßig bestreuen.

Den Auflauf im Ofen auf der mittleren Schiene 30 Minuten backen. Noch warm mit Puderzucker bestäubt servieren.

„Anstelle der Milchhörnchen könnt ihr auch Croissants oder Brioches nehmen, gern auch vom Vortag.“

After-Work-Party

Wie das Wort „Feierabend“ schon andeutet, sollten wir die Zeit nach getaner Arbeit viel häufiger feiern! Und ihr braucht euch dazu gar nicht bis in die megastylische Location am anderen Ende der Stadt zu schleppen – zu Hause ist es doch viel einfacher, bequemer und gemütlicher. Da kommen dann ganz sicher auch nur die Kollegen und Leute, die ihr nach Feierabend wirklich treffen wollt. ;-)

Wobei die Idee, aus der diese Bewegung entstanden ist, ja die war, durch „private“ Treffen nach getaner Arbeit den Zusammenhalt von Kollegen zu stärken. Kulinarisch stärken wir uns in diesem Kapitel mit Snacks, Fingerfood und raffinierten Kleinigkeiten. Die lassen sich auf Vorrat produzieren, gut vorbereiten oder rasch machen. So kann auch der Gastgeber schön entspannt bleiben und das Aufräumen geht ohne viel Geschirr am Ende des Tages schneller von der Hand.

Also ladet ruhig ein paar mehr Kollegen ein und auch mal solche, mit denen ihr sonst weniger zu tun habt – das kann durchaus spannend und bereichernd sein.

PAPAYA-TOMATEN-SALAT

mit Halloumi und Ingwer-Miso-Vinaigrette

Für die Vinaigrette:
300 ml Traubenkernöl
100 ml Gemüsebrühe
80 g geriebener Ingwer
50 ml Sticky Korean Barbecue Sauce
50 ml Sojasauce
50 ml chinesischer schwarzer Essig
Saft und abgeriebene Schale von 2 Bio-Limetten
3 EL Zucker
2 EL Misopaste
1 EL Fischsauce

Für den Salat:
500 g Halloumi (Grillkäse)
4 EL Pflanzenöl
1 EL asiatische Gewürzmischung
1 kg bunte Tomaten
1 große reife Papaya
100 g Rauchmandeln (Fertigprodukt)
1 Bund Frühlingszwiebeln
70 g Koriandergrün
50 g Thai-Basilikum
2 Schalen rote Shiso-Kresse
Fleur de Sel

Für 6–8 Personen
ca. 25 Min. Zubereitung

Für die Vinaigrette alle Zutaten im Küchenmixer oder mit dem Stabmixer 30 Sekunden mixen, bis eine Emulsion entstanden ist. In eine Flasche abfüllen und bis zur Verwendung in den Kühlschrank stellen.

Für den Salat den Halloumi mit Küchenpapier trocken tupfen und in gleichmäßig große Scheiben schneiden. In einer Schüssel das Öl und die Gewürzmischung verrühren und die Halloumischeiben darin marinieren. Bis zur Fertigstellung des Salats beiseitestellen.

Die Tomaten waschen und anschließend in verschiedene Formen schneiden, dabei die Stielansätze entfernen. Die Papaya schälen, halbieren und die Kerne mit einem Löffel herauslösen. Die Fruchthälften in Würfel schneiden oder mit einem Parisienne-Ausstecher Kugeln ausstechen und das restliche Fruchtfleisch in Würfel schneiden. Die Rauchmandeln grob hacken. Frühlingszwiebeln putzen, waschen und in feine Ringe schneiden. Koriander und Thai-Basilikum waschen und trocken schütteln, die Blätter abzupfen und grob hacken. Die Shiso-Kresse vom Beet schneiden.

Von Rauchmandeln, Thai-Basilikum, Koriander und Shiso-Kresse etwas zum Garnieren beiseitelegen. Tomaten, Papaya und Rauchmandeln, Frühlingszwiebeln und restliche Kräuter in eine große Schüssel füllen und mit der Vinaigrette vermischen. Abschmecken und, falls nötig, mit Fleur de Sel würzen. In einer großen Schale anrichten und mit beiseitegelegten Kräutern, Kresse und Rauchmandeln garnieren.

Die marinierten Halloumischeiben in einer Pfanne auf beiden Seiten goldgelb braten. Herausnehmen und auf Küchenpapier abtropfen lassen. Den Halloumi separat in einer Schale zum Salat reichen oder direkt auf den Salat legen.

Orientalische
Zucchini in Gelb
Spicy Blumenkohl –
ganz einfach und schnell
gezaubert
Curry-Gurken sind
auf jeder Party der Hit!

Mexikanische
Baby-Maiskolben
Orientalische
Zucchini in Grün

GEMÜSE-PICKLES

4 Varianten

Grundrezept:
375 ml Balsamico bianco
125 g Zucker
125 ml Weißwein
vorbereitetes Gemüse nach Wahl
(siehe unten und rechts)

Für 6–8 Personen

Für das Grundrezept vier Twist-off-Einmachgläser und Deckel mit kochendem Wasser ohne Spülmittel ausspülen.

Essig, ¼ l Wasser, Zucker und Weißwein aufkochen. Das Gemüse in die Gläser schichten und den Fond daraufgießen. Mit dem Deckel verschließen, die Gläser auf den Kopf stellen und auskühlen lassen.

„Damit Eingemachtes möglichst lange hält, sollten die Gläser steril sein. Sie werden auf den Kopf gestellt, um mögliche Keime am Gläserrand durch die heiße Flüssigkeit abzutöten."

Spicy Blumenkohl

Salz
1½ Köpfe Blumenkohl
65 g Tom Yum Instant Hot & Sour Paste (aus dem Asialaden)
20 g Ingwer (in Scheiben)
1 TL Chiliflocken

ca. 15 Min. Zubereitung

Ausreichend Salzwasser in einem Topf zum Kochen bringen. Den Blumenkohl putzen, waschen und in kleine Röschen schneiden. Die Röschen im Salzwasser 3 Minuten garen. Anschließend den Blumenkohl in ein Eisbad geben und abkühlen lassen. Herausnehmen und abtropfen lassen. Die Blumenkohlröschen mit den Gewürzen in die vorbereiteten Gläser schichten und wie im Grundrezept weiter verfahren.

Curry-Gurken

250 g rote Zwiebeln · Salz
750 g Mini-Bio-Gurken
2 EL Senfsamen
½ TL Jaipur-Currypulver
½ TL Kurkumapulver
½ TL Chiliflocken

ca. 10 Min. Zubereitung

Die Zwiebeln schälen, so dünn wie möglich hobeln und in kaltes Salzwasser legen (10 g Salz auf 1 l). Das Wasser ein- bis zweimal wechseln und anschließend wegschütten. Die Gurken waschen und dünn hobeln. Mit den ausgedrückten Zwiebeln gut vermengen, mit den Gewürzen in die vorbereiteten Gläser schichten und wie im Grundrezept weiter verfahren.

Mexikanische Baby-Maiskolben

1 kg Baby-Maiskolben
2 EL Fajita-Gewürzmischung
1 TL Chiliflocken

ca. 5 Min. Zubereitung

Maiskolben waschen, mit den Gewürzen in die vorbereiteten Gläser schichten und wie im Grundrezept weiter verfahren.

Orientalische Zucchini

1 kg Zucchini
2 EL Senfsamen
1 EL Baharat (arab. Gewürzmischung)
1 TL schwarze Pfefferkörner
1 TL abgeriebene Bio-Zitronenschale

ca. 10 Min. Zubereitung

Die Zucchini putzen, waschen und mit dem groben Einsatz für den Spiralschneider schneiden, alternativ mit einem Sparschäler längs in dünne Scheiben hobeln. Die Zucchini mit den Gewürzen in die vorbereiteten Gläser schichten und wie im Grundrezept weiter verfahren.

Für das Hähnchen:
2 Bio-Zitronen
1 l Hühnerbrühe (alternativ Wasser)
1 halbierte Knoblauchzehe
1 angedrückte Chilischote
6 Hähnchenbrustfilets (à ca. 150 g; küchenfertig)
250 g Mole-Gewürzpaste (im Onlineshop erhältlich)
Salz

Für die Guacamole:
3 reife Avocados
1 Bund Koriandergrün
2 Tomaten · 1 rote Zwiebel
5 EL Sweet Chili-Sauce
3 EL Limonen-Olivenöl
Saft und abgeriebene Schale von 1 Bio-Limette
Fleur de Sel

Für die Tacos:
3 Römersalatherzen
2 EL Olivenöl · 1 EL Chili-Öl
1 TL Zitronensaft
Salz
2 Avocados
1 Bio-Salatgurke
1 Dose schwarze Bohnen (240 g Abtropfgewicht)
4 EL saure Sahne
Pfeffer aus der Mühle
gemahlener Kreuzkümmel
1 Schale rote Rettichkresse
½ Bund Koriandergrün
1 Schale rote oder gelbe Mini-Tomaten
8 Mais-Taco-Schalen

Für 6–8 Personen
ca. 30 Min. Zubereitung

SCHWARZE-BOHNEN-TACOS

mit Mole-Hähnchen und Guacamole

Für das Hähnchen die Zitronen heiß waschen, trocken reiben und in Scheiben schneiden. Die Brühe mit Zitronenscheiben, Knoblauch und Chilischote in einem Topf bei starker Hitze aufkochen. Die Hähnchenbrustfilets hinzufügen und 2 Minuten garen. Den Topf vom Herd nehmen und das Fleisch zugedeckt 10 Minuten gar ziehen lassen.

Das Fleisch mit dem Schaumlöffel herausheben und auf eine Platte legen. Kurz abkühlen lassen, dann mit den Fingern oder einer Gabel entlang der Faser auseinanderziehen. Das gezupfte Hähnchenfleisch in eine Schüssel geben und mit der Mole-Paste und 1 Prise Salz abschmecken.

Für die Guacamole die Avocados halbieren, jeweils den Stein entfernen und das Fruchtfleisch aus der Schale lösen. Den Koriander waschen, trocken schütteln und die Blätter abzupfen. Die Tomaten waschen, halbieren, entkernen und klein hacken. Die Zwiebel schälen und in feine Würfel schneiden.

Das Avocadofruchtfleisch von 2 Früchten, die Hälfte des Korianders, Chilisauce, Limonen-Olivenöl, Limettensaft und -schale in einem hohen Rührbecher mit dem Stabmixer fein pürieren. Die Creme mit Fleur de Sel abschmecken. Restlichen Koriander fein hacken und mit den Tomaten und roten Zwiebeln in einer Schüssel gut mischen. Das restliche Avocadofruchtfleisch würfeln und vorsichtig unterheben. Zum Schluss die Creme hinzufügen und, falls nötig, nachwürzen.

Für die Tacos die Römersalatherzen putzen, waschen und in feine Streifen schneiden. In einer Schüssel mit Olivenöl, Chili-Öl, Zitronensaft und 1 Prise Salz abschmecken.

Die Avocados vierteln, nochmals halbieren, jeweils den Stein entfernen und schälen, die einzelnen Viertel auf ein Schneidebrett legen und fächerförmig einschneiden. Leicht auseinanderdrücken. Die Gurke waschen. Anschließend dritteln und die Gurkenstücke längs auf dem Gemüsehobel in feine Scheiben hobeln. Die Gurkenscheiben aufeinanderlegen und mit einem Messer in lange feine Streifen schneiden. Bohnen in ein Sieb abgießen und unter fließendem kaltem Wasser abbrausen.

Die saure Sahne in einer Schüssel mit 1 Prise Salz, Pfeffer und Kreuzkümmel verrühren. Kresse vom Beet schneiden, waschen und trocken tupfen. Den Koriander waschen und trocken schütteln, Blätter abzupfen und fein hacken. Die Tomaten waschen und trocken tupfen.

Die Taco-Schalen zuerst mit dem marinierten Salat füllen und die Avocadofächer an den Rand legen. Anschließend Gurkenstreifen und Mole-Hähnchen darauf verteilen. Die Guacamole und schwarzen Bohnen hinzufügen. Abschließend saure Sahne, Mini-Tomaten, Kresse und Koriander als Topping auf den Tacos anrichten.

Diese Bohnen-Tacos sind der absolute Renner auf jeder Party! Besonders bei denen, die es mexikanisch lieben.

REISPAPIER-HÖRNCHEN

mit Riesengarnelen und Erdnuss-Hoisin-Sauce

Für die Reispapierrollen:
120 g Reisnudeln (Reis-Vermicelli)
12 große Garnelen (geschält, ohne Kopf und entdarmt)
3 EL Sesamöl
Fleur de Sel
2 Römersalatherzen
½ Bio-Salatgurke
½ Pomelo
2 Avocados
50 g Thai-Basilikum
50 g Minze (alternativ Koriandergrün)
120 g Erbsensprossen (alternativ Sojasprossen)
3 EL Limettensaft
12 Reispapierblätter

Für den Dip:
100 g cremige Erdnussbutter
1 Knoblauchzehe
1 kleines Stück Ingwer
50 g geröstete Erdnusskerne
2 EL Sojasauce
2 EL Hoisin-Sauce
2 EL Kokosblütenzucker
2 EL Limettensaft
1 EL schwarzer chinesischer Essig
1 TL Fischsauce

Für 6–8 Personen
ca. 30 Min. Zubereitung

Für die Reispapierrollen die Reisnudeln 10 Minuten in kaltem Wasser einweichen. Die eingeweichten Reisnudeln in kochendem Wasser 3 Minuten garen. In ein Sieb abgießen, kalt abschrecken und abtropfen lassen.

Für den Dip in einem Topf bei schwacher Hitze die Erdnussbutter mit 30 ml Wasser glatt rühren. Knoblauch und Ingwer schälen und fein hacken. Die gerösteten Erdnüsse hacken und mit den restlichen Zutaten zur Erdnussbutter geben. Alles gut verrühren, abschmecken und bis zur Verwendung kühl stellen.

Die Garnelen in einem Sieb abbrausen und trocken tupfen. In einer Pfanne das Sesamöl erhitzen und die Garnelen darin auf jeder Seite 2 Minuten braten. Auf Küchenpapier abtropfen lassen und anschließend längs halbieren. Mit 1 Prise Fleur de Sel würzen und beiseitestellen.

Die Salatherzen putzen, waschen, trocken schütteln und in feine Streifen schneiden. Die Gurke waschen und auf dem Gemüsehobel in feine Scheiben hobeln, dann in dünne Streifen schneiden. Die Pomelo so schälen, dass die weiße Haut mit entfernt wird. Die Filets zwischen den Trennhäuten herausschneiden. Die Avocados halbieren und jeweils den Stein entfernen. Die Avocadohälften schälen und in feine Scheiben schneiden. Thai-Basilikum und Minze waschen, trocken schütteln und die Blätter abzupfen. Sprossen mit heißem Wasser abbrausen und abtropfen lassen.

In einer Schüssel etwas Wasser mit dem Limettensaft vermischen. Ein Geschirrtuch anfeuchten und auf die Arbeitsfläche legen. Die Reispapierblätter darauflegen und mit dem Limettenwasser besprühen oder das Limettenwasser mit einem Pinsel auftragen. Die Reispapierblätter einmal zusammenfalten und mit den vorbereiteten Zutaten gleichmäßig füllen. Zu Tüten zusammenrollen. Mit dem Dip servieren.

MINI-PIZZEN

dreimal anders

Für das Grundrezept (16 Stück):
750 g Pizza-Mehl (Type 00)
30 g Salz · 7 ½ g frische Hefe
Mehl zum Verarbeiten

Für Variante 1:
320 ml Tomatensauce
480 g Fenchelsalami (in Scheiben)
360 g geviertelte Artischockenböden (in Öl eingelegt)
400 g geriebener Provolone
150 g geviertelte Cocktailtomaten
100 g Rucola

Für Variante 2:
500 g Blattspinat (tiefgekühlt)
90 g Kapern (Nonpareilles)
400 g Ricotta
150 g geriebener Gruyère
80 g Pinienkerne
Saft und abgeriebene Schale von 2 Bio-Zitronen

Für Variante 3:
220 g Pesto rosso (aus dem Glas)
100 g Ajvar (Paprika-Würzpaste; aus dem Glas)
16 Sardellenfilets (in Öl eingelegt)
240 g grüne Oliven (in Scheiben)
150 g geriebener Parmesan
400 g Mini-Büffelmozzarellakugeln

Für 6–8 Personen
ca. 1–3 Tage Ruhezeit
ca. 1 Std. Gehzeit
ca. 25 Min. Zubereitung

Für das Grundrezept sollte der Teig 1 bis 3 Tage vorher zubereitet werden. Das Mehl mit dem Salz in einer Schüssel vermischen. In die Mitte eine Mulde drücken. Die Hefe in einer Schüssel zerbröckeln und 480 ml Wasser hinzufügen. Rühren, bis die Hefe sich aufgelöst hat, und die Mehlmischung in die Mulde gießen. Alle Zutaten zu einem Teig verarbeiten. Den Teig auf der leicht bemehlten Arbeitsfläche von Hand oder in der Küchenmaschine 8 Minuten kneten, bis der Teig glatt ist. Den weichen Teig zugedeckt 20 Minuten ruhen lassen.

Den Teig auf der bemehlten Arbeitsfläche mit leicht bemehlten Händen zu einer Kugel formen. In eine luftdicht verschließbare Plastikbox geben und im Kühlschrank mindestens 24 Stunden, besser noch bis zu 3 Tage ruhen lassen.

Am Tag der Zubereitung den Teig in 16 gleich große Portionen teilen, zu Kugeln formen und auf einem mit Backpapier ausgelegten Blech 30 Minuten ruhen lassen.

Die Teigkugeln mit bemehlten Händen zu Mini-Pizzen formen und zurück auf das Backblech legen. Mit den jeweiligen Zutaten belegen und noch mal 10 Minuten gehen lassen. Den Backofen in der Zwischenzeit auf 250 °C vorheizen. Die belegten Mini-Pizzen 10 bis 12 Minuten backen. Aus dem Ofen nehmen und mit frischen Zutaten oder Kräutern bestreuen.

Variante 1: Die Pizzen mit Tomatensauce bestreichen. Mit Salami, Artischocken und Provolone belegen. Die Pizzen backen und mit Tomaten und Rucola belegen.

Variante 2: Den Spinat in einem Sieb vollständig auftauen lassen, anschließend kräftig ausdrücken. Die Kapern in einem Sieb abtropfen lassen. Alle Zutaten bis auf Zitronensaft und -schale auf den Pizzen verteilen. Mini-Pizzen backen und vor dem Servieren Zitronenschale und -saft darauf verteilen.

Variante 3: Die Sardellenfilets abtropfen lassen und in feine Streifen schneiden. Alle Zutaten bis auf den Büffelmozzarella auf den Pizzen verteilen. Mini-Pizzen backen und kurz vor dem Servieren den Büffelmozzarella in kleine Stücke reißen und darauf verteilen.

Ich backe die Brote meist schon am Vortag – so habe ich am Partytag mehr Zeit. Der Dip ist dann schnell zusammengerührt und fertig ist ein leckerer Feierabendsnack.

SÜSSKARTOFFEL-CHEDDAR-BROTE

und deftiger Röstzwiebel-Käse-Dip mit Schnittlauch

Für die Brote:
450 g Süßkartoffeln
2 Schalen Gartenkresse
270 g Mehl (Type 550)
24 g Backpulver
150 g geriebener Cheddar
Salz
1½ TL Café-de-Paris-Gewürzmischung
5 Eier
180 ml Milch
100 ml Öl
50 ml Olivenöl

Für den Dip:
150 g Taleggio
250 g Robiola Bosina (alternativ Weichkäse aus Kuh- und Schafsmilch)
150 g Blue Stilton
100 g Doppelrahm-Frischkäse
2 EL Crème fraîche
60 g Schnittlauch
1 Schale Gartenkresse
50 g Röstzwiebeln
abgeriebene Schale von 2 Bio-Zitronen
1 EL Butterbrot-Gewürz (siehe Tipp)
¼ TL geräuchertes Paprikapulver
Salz

Für 6–8 Personen
ca. 25 Min. Zubereitung
ca. 20 Min. Backzeit

Für die Brote den Backofen auf 180 °C vorheizen. Die Süßkartoffeln putzen, schälen und grob raspeln. Die Kresse mit einer Schere vom Beet schneiden, waschen und trocken schütteln. Das Mehl in einer Rührschüssel mit dem Backpulver mischen. 100 g Käse, Kresse, Süßkartoffeln, 1 TL Salz sowie das Café-de-Paris-Gewürz dazugeben.

Die Eier mit der Milch und dem Öl leicht aufschlagen und zu der Mischung gießen. Mit einem Teigschaber vollständig vermischen. Nur so lange rühren, bis alles gleichmäßig verteilt ist.

Eine Mini-Kastenform oder Muffinförmchen mit Backtrennspray einsprühen. Den Teig in die Backformen füllen und mit dem restlichen Käse bestreuen. Sofort in den Ofen schieben und bei 160 °C 20 Minuten backen.

Das Brot aus dem Ofen nehmen, 5 Minuten in Form oder Förmchen abkühlen lassen, auf ein Kuchengitter stürzen und vollständig auskühlen lassen.

Für den Dip Taleggio entrinden und in kleine Würfel schneiden. Den Robiola und Blue Stilton in gleich große Würfel schneiden und alles im Küchenmixer oder Blitzhacker kurz pürieren. Die Käsesorten sollten sich gut miteinander verbunden haben. Die Konsistenz sollte cremig sein, auch wenn noch kleine Stückchen vorhanden sind. Den Käse in eine Schüssel füllen, Frischkäse und Crème fraîche unterrühren.

Den Schnittlauch waschen, trocken schütteln und in feine Röllchen schneiden, die Gartenkresse vom Beet schneiden, waschen und trocken tupfen. Beides mit Röstzwiebeln, Zitronenschale und Gewürzen unter die Käsecreme rühren.
Je nach Geschmack noch mit 1 Prise Salz abschmecken.

„Das Butterbrot-Gewürz ist ein Mix aus verschiedenen Gewürzen, meist aus geräuchertem Salz, schwarzem Pfeffer, Kümmel, Kreuzkümmel, Koriander, Nigella, Muskatnuss, Zitronenschale und Knoblauch. Erhältlich ist es im gut sortierten Supermarkt oder im Feinkosthandel.“

FOOD-WINE-PAIRING

für zu Hause

In der gehobenen Gastronomie wird zum Menü gerne eine Weinbegleitung angeboten, das heißt, zu jedem Gang wird ein Glas besonders gut passender Wein serviert. Bei Partys ist das natürlich anders und für mich bedeutet Food-Wine-Pairing hier ganz einfach, den passenden Wein zum Essen zu finden. Und das ist gar nicht so schwer, wie viele denken, wenn man ein paar Dinge beachtet.

Welcher Wein wozu?

Grundsätzlich gilt: Wein soll euch beim Trinken Spaß machen – erlaubt ist darum, was gefällt. Die Regel, dass zu hellem Fleisch und Fisch Weißwein gehört und dunkles Fleisch von einem Rotwein begleitet werden muss, ist Schnee von gestern. Ihr trinkt genau das, was euch zum Essen am besten schmeckt. Wobei die eben erwähnte Kombi in vielen Fällen durchaus Sinn macht. Aber fangen wir einfach vorn an.

Wein und Wetter
Das Aroma des ausgewählten Weins versorgt uns mit dem, wonach uns – vielleicht ganz unbewusst – der Sinn steht. Das kann an einem kalten Winterabend Wärme sein, an oder nach einem heißen Sommertag die kühlende Erfrischung. Darum greifen wir mehr oder minder intuitiv bei Sonnenschein oder warmem Wetter gerne zu leichteren Weinen, die weniger Alkohol haben und bei wenig Eichennote jünger und frischer schmecken. Farblich sind diese Weiß-, Rosé- und Rotweine meist etwas blasser und werden kälter serviert (siehe Tabelle rechts). Nach Sonnenuntergang oder bei eher frostigen Temperaturen gelüstet es uns in der Regel nach schwereren Weiß- oder Rotweinen mit kräftigerem Geschmack, gerne mit deutlicherer Eichennote und komplexer Struktur.

Harmonie der Sinne
Weine und Speisen kommen am besten zusammen, wenn sie ähnliche sensorische Qualitäten haben – also Leichtes mit Leichtem und Üppiges mit Üppigem kombinieren. Allgemein passen zu Rohem oder Gegartem ohne Röstaromen frische Weine ohne Eichennote am besten. Und für Gerichte mit starken Röstaromen eignen sich kräftige Weine mit einer Eichennote besser. Unabhängig davon ist es wichtig, dass der Wein nicht in den Vordergrund tritt – er soll die Geschmackseindrücke des Essens verfeinern und harmonisch ergänzen.

Dialog von Wein und Speisen
Trinkt man alkoholarmen, leichten Wein zu scharfem Essen, kann er die Schärfe mildern, gönnt man sich hingegen einen schweren Wein mit hohem Alkoholgehalt zu Scharfem, kann die Schärfe unangenehm werden. Durch Salz im Essen wirkt der Wein weniger sauer. Zucker im Essen erzeugt genau das Gegenteil, denn durch ihn wirkt der Wein saurer, als er das ohne begleitende Speisen tun würde. Während man heutzutage grundsätzlich eher zu trockenen Weinen greift, gilt bei Desserts die Regel: Je süßer das Dessert, desto süßer darf der Wein sein. Ein Nebeneffekt beim Weintrinken ist, dass er den Appetit anregt und die Verdauung fördert.

Trinken bei perfekter Temperatur

Alkohol, Fruchtsäure und Restsüße erzeugen bei unterschiedlichen eigenen Temperaturen verschiedenartige Trink- beziehungsweise Geschmackseindrücke. Es hängt also stark von der Trinktemperatur ab, dass ein guter Wein sich von seiner besten geschmacklichen Seite präsentieren kann.

Wein	**optimale Trinktemperatur**	**Beispielwein**
leichte Weißweine	9–12 °C	Sauvignon blanc
gehaltvolle Weißweine	10–12 °C	Chardonnay
leichte junge Rotweine	14–16 °C	Beaujolais
ältere kräftige Rotweine	16–20 °C	Syrah
Dessertweine	4–10 °C	Auslese, Beerenauslese, Eiswein

Das Gute liegt so nah

Bei der Auswahl der Herkunft muss man gar nicht viel Schnickschnack machen und Weine aus Übersee oder von sonst woher kaufen. Wie bei den Zutaten für meine Rezepte mag ich es auch bei den Getränken regional. Wir haben in Deutschland stolze 13 Weinanbaugebiete und die produzieren mittlerweile so tolle Weine, dass hier wirklich für jeden etwas dabei ist. Ich bin mit der Auswahl absolut glücklich, serviere und trinke auch selbst immer öfter Weine junger deutscher Winzer. Die stecken häufig so viel Liebe in ihre Weine – das muss ich einfach unterstützen. Geht einfach mal zu einem guten Weinhändler in eurer Stadt, häufig gibt es auch in gut sortierten Supermärkten eine kompetente Beratung. Und wenn ihr in einem Weinbaugebiet zu Hause oder unterwegs seid, erkundigt euch im Vorfeld nach guten Winzern und fahrt dort einfach mal vorbei.

Auf euch und den Genuss

Bei eurem nächsten Glas gut ausgewähltem Wein stoßen wir in Gedanken miteinander an – ich mache das wahrscheinlich mit einem Chardonnay, der ist nämlich nicht nur als Begleiter zu einem passenden Essen mein ganz persönlicher Weinfavorit. Auf euch und guten Wein!

Nach getaner Arbeit darf man sich auch mal mit einem Gläschen Sekt oder Prosecco verwöhnen.

GEFÜLLTE PITABROTE

mit Lamm-Schafskäse-Bällchen, Erbsensalat und Minzjoghurt

Für die Fleischbällchen:
2 mittelgroße Zwiebeln
3 Knoblauchzehen
40 g Petersilie
5 EL Öl
4 EL Sojasauce
750 g Lammhackfleisch
150 g Schafskäse (Feta)
2 TL Ras el-Hanout
Salz
100 g Panko (asiat. Paniermehl) oder Weißbrotbrösel
2 Eier

Für den Minzjoghurt:
1 Bund Minze
400 g Naturjoghurt
Salz · Saft und abgeriebene Schale von 2 Bio-Zitronen

Für den Salat:
250 g Zuckerschoten
200 g feine Erbsen (tiefgekühlt)
40 g Erbsensprossen oder 1 Schale Affila-Kresse
1 Bund Petersilie
1 Bund Basilikum
3 EL Limonen-Olivenöl
Saft und abgeriebene Schale von 1 Bio-Limette · Salz

Außerdem:
8 Pita- oder türkische Fladenbrote

Für 6–8 Personen
ca. 35 Min. Zubereitung

Für die Fleischbällchen Zwiebeln und Knoblauch schälen und in feine Würfel schneiden. Die Petersilie waschen, trocken schütteln, Blätter abzupfen und fein hacken.

In einer Pfanne 1 EL Öl erhitzen. Zwiebeln und Knoblauch darin bei mittlerer Hitze andünsten. Mit der Sojasauce ablöschen und in eine große Schüssel geben. Lammhack, Feta, Ras el-Hanout, 1 TL Salz, Panko oder Weißbrotbrösel und Eier dazugeben, mit den Händen gründlich vermengen und aus der Masse tischtennisballgroße Bällchen formen.

Das übrige Öl in einer großen Pfanne erhitzen und die Fleischbällchen darin bei mittlerer Hitze etwa 5 Minuten rundum anbraten.

Für den Minzjoghurt die Minze waschen, trocken schütteln, Blätter abzupfen und grob hacken. Joghurt mit ½ TL Salz, Zitronensaft und -schale in einer kleinen Schüssel verrühren. Die Minze unterrühren und bis zur Verwendung kühl stellen.

Für den Salat die Zuckerschoten putzen, waschen und die Hälfte in schmale Streifen schneiden. Die Tiefkühl-Erbsen für 2 Minuten in kochendes Wasser geben und anschließend sofort in Eiswasser abschrecken. Die Erbsensprossen oder die Kresse waschen und trocken schütteln. Petersilie und Basilikum waschen, trocken schütteln, Blätter abzupfen und hacken.

In einer Schüssel die geschnittenen Zuckerschoten, Erbsen, ganze Zuckerschoten und die Erbsensprossen vermischen. Olivenöl, Kräuter, Limettensaft und -schale unter den Salat rühren und mit Salz abschmecken.

In die Pita- oder Fladenbrote, falls nötig, jeweils eine Tasche schneiden und die Brote mit Fleischbällchen, Minzjoghurt und Salat füllen. Auf einer Platte anrichten.

„Die Pitabrote können vor dem Füllen noch im Ofen aufgebacken oder im Toaster geröstet werden."

GEWÜRZNÜSSE

dreimal anders

Grundrezept:
1 Eiweiß
75 g Zucker
Salz
1 EL Gewürze
500 g Nusskerne

Für 6–8 Personen
ca. 25 Min. Zubereitung
(plus Abkühlzeit)

Den Backofen auf 180 °C vorheizen. Das Eiweiß in einer Schüssel mit dem Schneebesen halb steif schlagen. Zucker, 1 EL Salz und Gewürze kurz unterrühren. Die Nüsse unterheben, sodass sie gleichmäßig mit der Eiweißmasse überzogen sind.

Ein Backblech mit Backpapier auslegen und die Nüsse darauf verteilen. Im Ofen bei 160 °C 15 Minuten goldbraun rösten, dabei mehrfach wenden.

Das Backblech aus dem Ofen nehmen und die Nüsse vollständig abkühlen lassen. Die abgekühlten Nüsse in einer Dose oder einem Schraubglas luftdicht verpackt aufbewahren.

Variante 1
500 g Erdnusskerne
75 g Zucker
1 Eiweiß
1 EL Salz
1 EL Thai-Seven-Spices-Gewürzmischung (alternativ anderes asiat. Gewürz)

Variante 2
500 g Cashewkerne
75 g Zucker
1 Eiweiß
1 EL Salz
1 EL Magic-Dust-BBQ-Gewürzmischung (alternativ anderes BBQ-Gewürz)

Variante 3
500 g Macadamianusskerne
75 g Zucker
1 Eiweiß
1 EL Salz
1 EL Kashmir-Curry (alternativ anderes mildes Currypulver)
1 EL Kokosraspel

Luftdicht verpackt, sind die Gewürznüsse mehrere Tage haltbar und lassen sich somit super vorbereiten.

Gesundes in einem Zug getrunken. Na gut, ein bisschen Alkohol ist auch dabei, aber Wodka gehört zu einer Bloody Mary nun mal dazu.

BLOODY-MARY-SHOT

mit Gurke und Pfirsich

1 milde Peperoni
1 Salatgurke
2 Stangen Staudensellerie
5 Pfirsiche
4 große aromatische Tomaten
1 große Handvoll Crushed Ice
2 EL Limonen-Olivenöl
Saft von 2 Limetten
½ TL Worcestershiresauce
1 EL grüner Tabasco
Salz
100 ml Wodka (eiskalt oder nach Geschmack)

Für 6–8 Personen
ca. 15 Min. Zubereitung
ca. 2 Std. Kühlzeit

Die Peperoni halbieren, entkernen und würfeln. Die Gurke schälen, längs halbieren, entkernen und würfeln. Den Sellerie putzen, waschen und in feine Streifen schneiden. Die Pfirsiche waschen, halbieren, jeweils den Stein entfernen und in Würfel schneiden. Die Tomaten waschen, halbieren und in Würfel schneiden, dabei die Stielansätze entfernen.

Tomaten, Sellerie, Gurke, Peperoni, Pfirsiche und Crushed Ice im Küchenmixer oder in einem hohen Gefäß mit dem Stabmixer fein pürieren.

Die Mischung durch ein Sieb in eine Schüssel passieren. Mit Olivenöl, Limettensaft, Worcestershiresauce, Tabasco und Salz kräftig abschmecken.

Den Wodka nach Geschmack hinzufügen und vor dem Servieren zugedeckt 2 Stunden kühl stellen.

„Die original Bloody Mary besteht im Wesentlichen aus Wodka und Tomatensaft. Hier bekommt sie durch das Gemüse und die Pfirsiche eine frisch-fruchtige Note.“

Statt Eis thront
auf dem Waffelhörnchen
eine leckere Kugel aus
Schokolade, Doppelkeksen
und Frischkäse.
Zum Dahinschmelzen!

HÖRNCHEN

mit Schokoladen-Cookiepop-Twist

500 g Schokoladen-Doppelkekse mit Milchcremefüllung (Double Creme)
225 g Doppelrahm-Frischkäse
20 Mini-Waffelhörnchen
300 g Zartbitterkuvertüre-Drops
150 g weiße Kuvertüre-Drops
goldene Dekozuckerperlen oder Blattgold

Für 20 Stück
ca. 30 Min. Zubereitung
ca. 1 Std. Kühlzeit

Die Kekse im Küchenmixer oder Blitzhacker fein zerkleinern. In einer Schüssel den Frischkäse cremig rühren und die Kekse hinzufügen. Mit dem Teigschaber zu einer kompakten Masse verrühren, bis ein formbarer Teig entsteht.

Die Masse 30 Minuten in den Kühlschrank stellen und anschließend mit den Händen 20 Kugeln daraus formen. Diese fest in die Waffelhörnchen drücken und weitere 30 Minuten kühl stellen.

Die beiden Kuvertüresorten separat über dem heißen Wasserbad schmelzen. Die aus den Waffelhörnchen ragenden Kugeln in die Zartbitterkuvertüre tauchen, abtropfen und fest werden lassen.

Eine Gabel in die geschmolzene weiße Kuvertüre tauchen und über die Cookiepop-Hörnchen kreisen, sodass schmale Schokoladenfäden darauf entstehen. Zum Schluss mit den Zuckerperlen oder mit Blattgold verzieren.

„Spart Zeit: Wenn ihr Kuvertüre-Drops verwendet, braucht ihr die Schokolade nicht extra klein hacken, um sie zum Schmelzen zu bringen.“

Erntedank-fest

Den Grundgedanken des im Christentum fest verankerten Erntedankfests finde ich auch abseits aller religiösen Glaubensvorstellungen sehr, sehr schön. Mir ist der Anlass Grund genug, dem Thema ein ganzes Kapitel zu widmen und hierin mit der Natur mein eigenes Fest zu feiern. Denn am Ende des Sommers schenkt sie uns so viele großartige Feldfrüchte, Getreide und Obst – da ist die Zeit doch wirklich reif, der Natur selbst und den Landwirten für ihre Arbeit einen herzlichen Dank zu sagen.

Über das Jahr hinweg kann sich ein Dankeschön an die Natur auch darin äußern, dass wir versuchen, regionale Produkte nach ihrer Saison zu verwenden – mir persönlich ist das ganz wichtig.

Ich habe mich in diesem Kapitel auf Gemüse konzentriert und herausgekommen sind rein vegetarische, unglaublich leckere Rezepte. Danke, liebe Natur, danke, ihr fleißigen Landwirte! Und nun lasst uns kochen und feiern gehen ...

LAUWARMER HERBSTSALAT

mit Ofenkürbis, Dinkel und Cranberrys

2 große Hokkaidokürbisse
ca. 140 ml Olivenöl
Salz
1 EL Ras el-Hanout
200 g Dinkelkörner
150 g Mini-Kräuterseitlinge
1 Glas Artischockenherzen (mit Kräutern in Olivenöl; ca. 290 g Abtropfgewicht)
1 Glas Borettane-Zwiebeln (in Aceto balsamico; ca. 290 g Abtropfgewicht)
50 g getrocknete Cranberrys
30 g Kürbiskerne
1 Bund Petersilie
Saft und abgeriebene Schale von 2 Bio-Limetten
Saft und abgeriebene Schale von 1 Bio-Blutorange
Cayennepfeffer
Kokosblütenzucker
Kürbiskernöl zum Beträufeln

Für 6–8 Personen
ca. 30 Min. Zubereitung
ca. 40 Min. Backzeit
ca. 25 Min. Garzeit

Den Backofen auf 200 °C vorheizen.

Die Kürbisse gründlich waschen, halbieren und die Kerne mit einem Löffel entfernen. 3 Kürbishälften in 2 cm dicke Spalten schneiden. In einer großen Schüssel mit 4 EL Olivenöl, 1 TL Salz und Ras el-Hanout vermischen. Die marinierten Spalten auf ein Backblech legen und im Ofen auf der mittleren Schiene 30 bis 40 Minuten backen, bis der Kürbis weich ist und etwas Farbe angenommen hat.

Die übrige Kürbishälfte auf dem Gemüsehobel in feine Streifen hobeln.

Die Dinkelkörner in einem Topf mit reichlich kaltem Wasser bedecken und aufkochen lassen. Die Hitze reduzieren und den Dinkel 25 Minuten bissfest garen. In ein Sieb abgießen, kalt abbrausen und abtropfen lassen.

Die Pilze putzen und, falls nötig, trocken abreiben. In einer weiten Pfanne 1 EL Olivenöl erhitzen und die Pilze darin bei starker Hitze unter gelegentlichem Wenden etwa 5 Minuten scharf anbraten. Mit 1 Prise Salz würzen.

Die eingelegten Artischocken und Zwiebeln in ein Sieb abgießen, abtropfen lassen und halbieren. In einer großen Schüssel mit Dinkel, gehobeltem Kürbis, Pilzen, Cranberrys und Kürbiskernen mischen.

Petersilie waschen und trocken schütteln, die Blätter abzupfen und fein hacken. Das restliche Olivenöl mit der Petersilie, Saft und Schale von Limetten und Blutorange, 1 Msp. Cayennepfeffer, Kokosblütenzucker und Salz in einer Schüssel mit dem Schneebesen verrühren. Sobald sich Salz und Zucker aufgelöst haben, das Dressing über den Salat gießen und vorsichtig unterheben.

Die gerösteten Kürbisspalten auf eine Servierplatte legen und den marinierten Salat gleichmäßig darauf verteilen. Mit Kürbiskernöl beträufelt servieren.

Für die Belugalinsen:
90 ml Olivenöl
30 g gehackter Estragon
30 g gehackter Kerbel
30 g Schnittlauchröllchen
3 EL hochwertiger Aceto balsamico
1 EL Ahornsirup
Salz
200 g Belugalinsen

Für die bunten Beten:
250 g Rote Bete
250 g Weiße Bete
250 g Baby-Beten-Mix
250 g Baby-Beten (Chioggia)
6 EL Limonen-Olivenöl
2 EL Himbeeressig
1 EL Ahornsirup
1 TL körniger Senf
Salz · Pfeffer aus der Mühle

Für die Feigen:
75 g Walnusskerne
50 g getrocknete Feigen
200 g Ziegenfrischkäsetaler
1 EL Crème fraîche
3 EL Ahornsirup
Salz · Pfeffer aus der Mühle
30 g gehackter Estragon
6–8 frische große Feigen
50 g geriebener Parmesan

Außerdem:
150 g Feldsalat
100 g Himbeeren
100 g Ziegenfrischkäsetaler

Für 6–8 Personen
ca. 40 Min. Zubereitung
ca. 20 Min. Garzeit
ca. 5 Min. Backzeit

GEFÜLLTE FEIGEN

auf gerösteter bunter Bete und Belugalinsen

Für die Belugalinsen das Olivenöl mit Kräutern, Essig, Ahornsirup und Salz in einer Schüssel mit einem Schneebesen verrühren.

Die Linsen in einem Sieb kalt abbrausen. Mit Wasser in einem Topf aufkochen und zugedeckt etwa 20 Minuten noch leicht bissfest garen. Die gegarten Linsen in ein Sieb abgießen, noch mal kalt abbrausen und noch warm mit dem Dressing mischen.

Für die bunten Beten die verschiedenen Beten waschen, die Roten und Weißen Beten schälen. Alle Beten auf dem Gemüsehobel in feine Scheiben schneiden und in eine Schüssel geben. Limonen-Olivenöl, Essig, Ahornsirup, Senf, Salz und Pfeffer zu einem Dressing verrühren und über die Beten gießen. Etwa 10 Minuten ziehen lassen.

Für die Feigen den Backofen auf 250 °C (Grillfunktion) schalten. Walnüsse in einer Pfanne ohne Fett rösten. Herausnehmen, grob hacken und in eine Schüssel geben. Die getrockneten Feigen in kleine Würfel schneiden. Anschließend mit dem Ziegenfrischkäse und der Crème fraîche zu den Walnüssen geben. Gut verrühren und mit Ahornsirup, 1 Prise Salz und Pfeffer würzen. Den Estragon unterheben.

Die Feigen vorsichtig waschen, trocken tupfen und über Kreuz tief einschneiden. Dabei aber nur so weit einschneiden, dass sie noch zusammenhalten. Je 2 EL der Walnuss-Ziegenfrischkäse-Masse in die Feigen verteilen. Die gefüllten Feigen auf ein Backblech setzen. Mit Parmesan bestreuen und im Ofen auf der obersten Schiene 5 Minuten gratinieren.

Den Feldsalat verlesen, waschen und trocken schleudern. Die Himbeeren ggf. halbieren. Ziegenkäse klein zupfen.

Auf einer großen Platte die marinierten Betescheiben fächerförmig auslegen. Die Feigen mittig daraufsetzen. Die marinierten Linsen darum herum anrichten und alles mit Feldsalat, Himbeeren und Ziegenkäse garnieren.

Außerhalb der Himbeersaison könnt ihr statt der Beeren auch gehackte, geröstete Walnüsse über das Gericht streuen.

SAFTIGES VOLLKORNBROT

mit dreierlei Kernen und Chiasamen

2 Beutel Natursauerteig (à 75 g)
½ Würfel Hefe
1 EL Honig
200 g Roggenvollkornmehl
100 g Dinkelvollkornmehl
100 g Roggenschrot
1 EL Malzextrakt
Salz
50 g Sonnenblumenkerne
25 g Kürbiskerne
25 g Pinienkerne
3 EL Chiasamen zum Bestreuen

Für 1 Brot
ca. 20 Min. Zubereitung
ca. 1 Std. Gehzeit
ca. 50 Min. Backzeit

Sauerteig, Hefe und Honig mit 350 ml lauwarmem Wasser in einer Schüssel verrühren.

Die Mehlsorten, den Roggenschrot, Malzextrakt, 6 g Salz und die Kerne in einer großen Schüssel mischen und in die Mitte eine Mulde drücken. Die Sauerteig-Hefe-Mischung in die Mulde gießen und alles mit einem Teigschaber gleichmäßig zu einer homogenen Masse verarbeiten. Der Teig ist sehr klebrig und lässt sich nicht zu einem Laib formen.

Eine Kastenform (30 cm Länge) mit Backtrennspray einsprühen und den Teig hineinfüllen. Mit den Chiasamen bestreuen, mit einem sauberen Küchentuch bedecken und an einem warmen Ort 1 Stunde gehen lassen.

Den Backofen auf 220 °C vorheizen und auf den Ofenboden eine ofenfeste Schale mit Wasser stellen. Die Hitze auf 200 °C reduzieren und das Brot auf der mittleren Schiene im Ofen 10 Minuten backen, danach die Temperatur auf 180 °C reduzieren und das Brot 35 bis 40 Minuten fertig backen.

Aus dem Ofen nehmen, 5 Minuten in der Form abkühlen lassen, auf ein Kuchengitter stürzen und vollständig auskühlen lassen.

„Fein dazu schmeckt zum Beispiel mein Tofu-Bohnen-Aufstrich. Dafür 250 g Kidneybohnen in einem Sieb unter fließendem kaltem Wasser abbrausen. 350 g geräucherten Tofu in Würfel schneiden. 250 g gewürfelte Schalotten und 1 ½ TL gehackten, in Öl eingelegten Knoblauch in einer Pfanne in 2 EL Öl andünsten. Mit 2 EL Sojasauce ablöschen.

Mit dem Tofu, den Bohnen, 150 ml Gemüsebrühe, 1 EL Rote-Bete-Granulat und 1 Msp. geräuchertem Paprikapulver im Küchenmixer oder in einem Rührbecher mit dem Stabmixer fein pürieren.

In ein Schälchen füllen und mit Schnittlauchröllchen bestreut zum Brot servieren.“

Ich bin ein totaler Tomatenfan. Daher packe ich im Hochsommer gerne noch verschiedene Tomatensorten auf die Focaccia. Dadurch wird sie extrasaftig.

KARTOFFEL-FOCACCIA

mit mediterranen Kräutern

Für den Teig:
450 g mehligkochende Kartoffeln
Salz
½ Würfel Hefe
20 g Zucker
¼ l lauwarme Milch
600 g Mehl
5 EL Olivenöl
Mehl zum Verarbeiten

Für das Topping:
je 1 Zweig Rosmarin und Thymian
4 EL Olivenöl
50 g geriebener Parmesan
Fleur de Sel

Für 6–8 Personen
ca. 15 Min. Zubereitung
ca. 25 Min. Garzeit
ca. 1½ Std. Gehzeit
ca. 25 Min. Backzeit

Für den Teig die Kartoffeln schälen, waschen und in einem Topf mit Salzwasser weich garen. Abgießen, etwas auskühlen lassen und durch die Kartoffelpresse drücken oder auf der groben Seite der Vierkantreibe reiben. 300 g Kartoffelmasse abwiegen.

Die Hefe und den Zucker in der Milch auflösen. Dann mit Mehl, abgewogener Kartoffelmasse, 20 g Salz und Olivenöl mit der Küchenmaschine oder den Knethaken des Handrührgeräts zu einem geschmeidigen Teig verkneten. Den Teig zu einer Kugel formen, mit Mehl bestäuben und zugedeckt an einem warmen Ort 1 Stunde gehen lassen.

Eine Auflaufform (etwa 36 × 30 × 6 cm) mit Backtrennspray einsprühen und mit Backpapier auslegen. Den Teig auf der leicht bemehlten Arbeitsfläche auf die Größe der Auflaufform ausrollen und in die Form legen.

Für das Topping Rosmarin und Thymian waschen, trocken schütteln und die Nadeln bzw. Blättchen abzupfen. Den Teig mit Olivenöl bestreichen und mit Parmesan, Fleur de Sel und Kräutern bestreuen. Nochmals 30 Minuten gehen lassen.

Den Backofen auf 250 °C vorheizen. Focaccia im Ofen auf der mittleren Schiene 5 Minuten backen. Die Hitze auf 230 °C reduzieren und die Focaccia etwa 20 Minuten fertig backen (im Foto im Hintergrund).

Für den Blumenkohl:
700 g Blumenkohl
4 EL Olivenöl
Salz
1 EL Butterbrot-Gewürz
(siehe Tipp S. 93)

Für die pochierten Eier:
5 EL Weißweinessig
Salz
6–8 Eier (Größe M)
Fleur de Sel

Für die Mohnbutter:
250 g Butter
100 g gemahlener Mohn

Außerdem:
200 g dicke Bohnen (Saubohnen; tiefgekühlt)
Salz
200 g Staudensellerie (mit Grün)
1 EL Butter
140 g Brunnenkresse
3 EL Olivenöl
Saft und abgeriebene Schale
von 1 Bio-Zitrone

Für 6–8 Personen
ca. 40 Min. Zubereitung
ca. 25 Min. Backzeit

GERÖSTETER BLUMENKOHL

mit pochierten Eiern und brauner Mohnbutter

Für den Blumenkohl den Backofen auf 200 °C vorheizen. Den Blumenkohl putzen, in kleine Röschen zerteilen und gründlich waschen. In einer großen Schüssel mit Olivenöl, ½ TL Salz und dem Butterbrot-Gewürz vermischen.

Die marinierten Röschen auf einem Backblech verteilen und im Ofen auf der obersten Schiene 25 Minuten rösten, bis sie knusprig braun sind.

Für die Eier Wasser in einem Topf zum Kochen bringen, Essig und 1 Prise Salz hinzufügen. Dann die Hitze auf die kleinste Stufe reduzieren und mit einem Löffel rühren, bis ein leichter Strudel entsteht. Jedes Ei einzeln in eine Suppenkelle aufschlagen und langsam in das Wasser gleiten lassen. Die Eier sollten 4 bis 5 Minuten ziehen. Vorsichtig mit einer Schaumkelle aus dem Wasser heben. Mit Fleur de Sel würzen.

Für die Mohnbutter die Butter in große Würfel schneiden und in einem breiten Topf zerlassen. Unter stetigem Rühren weiter erhitzen, bis die festen Bestandteile nach oben steigen und das Wasser verdampft. Sobald das meiste Wasser verdampft ist, wird die Butter klar und die Eiweißpartikel am Topfboden nehmen eine haselnussbraune Farbe an. Die Butter durch ein feines Sieb in einen zweiten Topf geben. Den Mohn hinzufügen und bis zur Verwendung beiseitestellen.

Die dicken Bohnen in kochendem Salzwasser etwa 3 Minuten blanchieren. In ein Sieb abgießen, kalt abschrecken und aus den Häutchen drücken. Den Sellerie putzen und waschen, die Blätter abschneiden und in feine Streifen schneiden. Die Stangen schräg in ½ cm breite Stücke schneiden.

Die Butter in einer Pfanne zerlassen und den Sellerie darin leicht anbraten. Die Bohnen und den Blumenkohl dazugeben. Mit Salz würzen und 5 EL Mohnbutter sowie das geschnittene Selleriegrün hinzufügen.

Die Brunnenkresse verlesen, waschen und trocken schütteln. In einer Schüssel mit Olivenöl, Zitronensaft und -schale sowie Salz marinieren.

Die pochierten Eier in die Mitte des Tellers legen und das Gemüse darum herumverteilen. Die Mohnbutter darüberträufeln und die marinierte Brunnenkresse dazwischen verteilen.

Eier pochieren ist kein Hexenwerk, man muss nur darauf achten, dass sich ein Strudel gebildet hat – so wickelt sich das Eiweiß gut um das Eigelb.

ROSENKOHLSALAT

mit karamellisierter Nashi-Birne und Sanddornvinaigrette

100 g Haselnusskerne (geschält)
800 g Rosenkohl
Salz
500 g Flower Sprouts
2 Nashi-Birnen
50 g Zucker
1 EL Butter
2 EL flüssiger Honig
3 EL Williams-Christ-Birnen-Edelbrand
100 ml Traubenkernöl
50 ml Haselnussöl
80 ml Bio-Sanddorn-Muttersaft
1 gehackte milde Chilischote
1 Msp. gemahlene Vanille
4 EL Apfeldicksaft
200 g Maronen (gegart und vakuumiert)
150 g Feldsalat

Für 6–8 Personen
ca. 40 Min. Zubereitung

Den Backofen auf 170 °C vorheizen. Die Haselnüsse auf ein mit Backpapier ausgelegtes Backblech streuen und im Ofen etwa 15 Minuten rösten. Anschließend grob hacken.

Das untere Ende vom Rosenkohl abschneiden, die äußeren Blätter entfernen. Anschließend die einzelnen Blätter abzupfen. Am besten geht dies, wenn man den Strunk immer etwas nachschneidet, um die Blätter zu lösen. Am Ende bleibt ein kleines Rosenkohlstück zurück, das man einfach halbiert. Salzwasser in einem Topf zum Kochen bringen und die Rosenkohlblätter darin 2 bis 3 Minuten bissfest blanchieren. In ein Sieb abgießen und kalt abschrecken.

Die Flower Sprouts halbieren, ebenfalls in Salzwasser blanchieren, abgießen und kalt abschrecken.

Die Birnen waschen, halbieren, entkernen und in 1 cm dicke Spalten schneiden. In einer Pfanne den Zucker karamellisieren und die Birnen hinzufügen. Butter und Honig dazugeben und mit dem Edelbrand ablöschen. Kurz einkochen, damit sich der Alkohol verflüchtigt.

Das Traubenkern- und Haselnussöl, Sanddornsaft, Chili, 1 Prise Salz, gemahlene Vanille und den Apfeldicksaft verrühren, abschmecken und, falls nötig, nachwürzen.

Die Maronen halbieren. Den Feldsalat waschen, trocken schleudern und verlesen. Maronen mit Rosenkohlblättern, Flower Sprouts und Feldsalat mischen. Die Sanddornvinaigrette hinzufügen und vorsichtig unterheben. Auf einer Platte anrichten, die Birnenspalten darauf verteilen und mit den gerösteten Haselnusskernen bestreuen.

„Flower Sprouts sind eine Kreuzung aus Rosen- und Grünkohl und überzeugen durch ihren feinen Geschmack und viele Nährstoffe. Von November bis März kann man die grün-lila aussehenden Flower Sprouts im gut sortierten Supermarkt finden.“

SCHWARZWURZELRAGOUT

mit Kräuter-Zitrus-Note

Saft von 3 Zitronen
1,2 kg Schwarzwurzeln
5 Schalotten
40 g Butter
50 ml Weißwein
½ l Gemüsebrühe
200 g Sahne
200 g Crème fraîche
2 EL Speisestärke
1 Bio-Zitrone
Zucker
Salz · Pfeffer aus der Mühle
1 Bund Kerbel
1 Bund Petersilie

Für 6–8 Personen
ca. 40 Min. Zubereitung

Ein größeres Gefäß mit dem Zitronensaft und kaltem Wasser bereitstellen. Die Schwarzwurzeln schälen, dazu Einweghandschuhe benutzen, und sofort in das Zitronenwasser legen, damit sie sich nicht verfärben (siehe Tipp).

Die Schalotten schälen und in feine Würfel schneiden. Die Butter in einem großen Topf erhitzen und die Schalotten darin glasig dünsten. Die Schwarzwurzeln schräg in 2 cm breite Stücke schneiden und mit Küchenpapier trocken reiben. Zu den Schalotten geben und anbraten. Mit dem Wein ablöschen und einköcheln lassen. Mit der Gemüsebrühe aufgießen und die Schwarzwurzeln bissfest garen. Die Brühe kann dabei ruhig um die Hälfte einkochen.

Anschließend Sahne und Crème fraîche zum Schwarzwurzelragout geben und unterrühren. Die Speisestärke mit etwas Wasser glatt rühren und in das kochende Ragout geben, damit eine leichte Bindung entsteht. Die Zitrone heiß waschen, trocken reiben und die Schale abreiben. Zitrone halbieren und von einer Hälfte den Saft auspressen. Das Ragout nochmals aufkochen, vom Herd nehmen und mit Zitronensaft und -schale, 1 Prise Zucker, Salz und Pfeffer abschmecken.

Kerbel und Petersilie waschen und trocken schütteln, die Blätter abzupfen und fein hacken. Kurz vor dem Servieren unter das Schwarzwurzelragout rühren.

„Schwarzwurzeln sind auch bekannt als der Spargel des Winters. Sie färben stark ab, sondern einen klebrigen Saft ab und verfärben sich schnell. Deswegen ist es so wichtig, sie nach dem Schälen sofort in Zitronenwasser zu geben.“

Risotto mal nicht mit Safran. Mangold macht das Ganze grün statt gelb.

PETERSILIENWURZEL-RISOTTO

mit Mangold und Gruyère

1½ Bund Petersilie
ca. 2 EL Olivenöl
1 l Gemüsebrühe
600 g Petersilienwurzeln
400 g junger Mangold
2 Schalotten
150 g Butter
400 g Risottoreis (Arborio)
¼ l trockener Weißwein
Salz
90 g geriebener Gruyère

Für 6–8 Personen
ca. 20 Min. Zubereitung
ca. 40 Min. Garzeit

Die Petersilie waschen und trocken schütteln, die Blätter abzupfen, in einen hohen Mixbecher geben und mit Olivenöl und 50 ml Brühe fein pürieren. Beiseitestellen.

Die Petersilienwurzeln putzen, schälen und waschen. Schalen und Abschnitte sowie die Petersilienstiele in einen Topf geben und mit der restlichen Brühe aufgießen. Einmal aufkochen und 10 Minuten ziehen lassen. Anschließend durch ein Sieb in einen Messbecher gießen und in einem zweiten Topf warm halten.

Inzwischen die Petersilienwurzeln in gleich große Würfel schneiden. Den Mangold putzen, waschen und in feine Streifen schneiden. Die Schalotten schälen und in feine Würfel schneiden.

100 g Butter in einem großen Topf zerlassen. Die Schalotten darin glasig dünsten, Petersilienwurzeln hinzufügen und 3 Minuten mitdünsten. Den Reis dazugeben und unter Rühren glasig dünsten. Mit dem Wein ablöschen, verrühren und einige Minuten köcheln lassen, damit der Alkohol verkocht. Etwas heißen Petersilienfond angießen und rühren, bis der Reis die gesamte Flüssigkeit aufgenommen hat. Diesen Vorgang wiederholen, bis der Reis locker und weich, aber noch bissfest ist. Das dauert etwa 20 Minuten.

Den Risotto mit Salz würzen und die restliche Butter, das Petersilienpüree, den Mangold und den Gruyère unterrühren. Den Risotto zugedeckt 3 Minuten ruhen lassen. Auf einer vorgewärmten Platte anrichten, nach Belieben mit in feine Streifen geschnittenen, frittierten Petersilienwurzeln garnieren und sofort servieren.

Für die eingelegten Quitten:
Saft von 3 Zitronen
2 kg Quitten
375 g Zucker
180 ml Weißwein
1 Flasche Quittensaft (700 ml; am besten Bioqualität)
75 ml Quittengeist
½ TL gemahlene Vanille

Für das Parfait:
300 g Sahne
3 Eigelb
2 Eier
70 g Waldhonig
50 g Akazienhonig
150 ml Milch
½ TL gemahlene Vanille

Für die Cashewkerne:
150 g Zucker
250 g Cashewkerne
½ TL Lebkuchengewürz

Für 6–8 Personen
ca. 1½ Std. Zubereitung
mind. 5 Std. Kühlzeit

HONIGPARFAIT

mit gebrannten Cashewkernen und eingelegten Quitten

Für die eingelegten Quitten etwa 2 Wochen im Voraus ein größeres Gefäß mit Zitronensaft und kaltem Wasser bereitstellen. Quitten mit einem Tuch abreiben und waschen. Die Quitten mit Einweghandschuhen schälen, vierteln, entkernen und sofort in das Zitronenwasser legen.

100 g Zucker mit 2 EL Wasser in einem Topf bei schwacher Hitze langsam schmelzen, bis der Zucker goldgelb karamellisiert. Mit Wein aufgießen, 3 Minuten einkochen und restliche Zutaten hinzufügen. Den Sud aufkochen, die Quitten aus dem Zitronenwasser nehmen und im Sud etwa 10 Minuten bissfest kochen. Mit einer Schaumkelle aus dem Fond nehmen, abtropfen lassen und in drei bis fünf vorbereitete Twist-off-Gläser füllen. Den Sud zur Hälfte einkochen und heiß über die Quitten geben. Gläser sofort verschließen und auf den Kopf stellen. Kühl und dunkel gelagert, halten sich die Quitten 6 Monate.

Für das Parfait die Sahne steif schlagen und bis zur Verwendung kühl stellen. Eigelbe, Eier und beide Honigsorten verrühren. Die Milch dazugießen. Die Masse in einer großen Schüssel über dem heißen Wasserbad 8 bis 10 Minuten hellcremig aufschlagen. Die Schüssel anschließend in eiskaltes Wasser stellen und den Milch-Eigelb-Mix unter gelegentlichem Rühren vollständig auskühlen lassen. Das dauert etwa 1 Stunde.

Die Sahne unter die kalte Creme heben und das Parfait in die gewünschte Form gießen. Leicht auf die Arbeitsplatte klopfen, sodass die eingeschlossene Luft entweicht. 4 Stunden oder besser über Nacht ins Tiefkühlfach stellen.

Für die Cashewkerne Zucker und 3 EL Wasser in einen Topf oder eine Pfanne mit hohem Rand geben und bei mittlerer Hitze zum Kochen bringen. Sobald das Zuckerwasser kocht, die Cashewkerne hinzufügen.

Die Hitze reduzieren und die Cashewkerne mit der Zuckermasse verrühren, sodass sie gleichmäßig mit Zucker bedeckt sind. Nach etwa 5 Minuten sollte das Wasser weitestgehend verdampft sein.

Sobald der Zucker Blasen wirft, rühren, bis er kristallisiert und die Cashewkerne mit einer trockenen Schicht Zucker überzieht. Das Lebkuchengewürz hinzufügen und nochmals 3 bis 5 Minuten unter ständigem Rühren weiter erhitzen, bis sich das Gewürz gleichmäßig verteilt.

Die gebrannten Cashewkerne sofort auf Backpapier geben, ggf. zu große Klumpen trennen und auskühlen lassen.

Das Honigparfait 10 Minuten vor dem Servieren aus dem Tiefkühlfach nehmen, in Stücke schneiden und mit Cashewkernen und Quitten anrichten.

Ich liebe eingelegte Quitten. Damit sich der Aufwand lohnt, verarbeite ich immer gleich eine größere Menge.

BIRNEN-CRUMBLE

mit Mascarponecreme und Rotweinsirup

Für die eingelegten Birnen:
8 Birnen (z. B. Forelle)
600 g Zucker
1½ l Rotwein
1 TL gemahlene Vanille
Saft und abgeriebene Schale
von 1 Bio-Orange
Saft und abgeriebene Schale
von 1 Bio-Zitrone
2 Zimtstangen
3 Sternanis
4 Gewürznelken

Für den Crumble:
400 g Mehl (Type 405)
100 g Zucker
100 g brauner Zucker
Salz
250 g Butter
8 eingelegte Birnenhälften
(siehe oben)
4 reife Birnen
100 g Softaprikosen
60 g gehackte Pistazien
3 EL Honig
½ TL Zimtpulver

Für die Mascarponecreme:
500 g Mascarpone
½ TL gemahlene Vanille
3 sehr frische Eier (Größe M)
90 g Zucker · Salz

Für 6–8 Personen
ca. 1 Std. Zubereitung
ca. 30 Min. Kühlzeit
ca. 45 Min. Backzeit

Für die eingelegten Birnen etwa 2 Wochen im Voraus die Birnen schälen, halbieren und entkernen. In fünf bis sieben vorbereitete Twist-off-Gläser schichten.

100 g Zucker mit 2 EL Wasser in einem Topf bei schwacher Hitze langsam schmelzen, bis der Zucker goldgelb karamellisiert. Mit Wein aufgießen und die restlichen Zutaten hinzufügen. Den Sud aufkochen und in die Gläser bis knapp unter den Rand füllen. Gläser sofort verschließen und auf den Kopf stellen. Kühl und dunkel gelagert, halten sich die Birnen 6 Monate.

Für den Crumble den Backofen auf 180 °C vorheizen. Mehl, beide Zuckersorten, 1 Prise Salz und Butter in der Küchenmaschine oder mit den Händen zu Streuseln verarbeiten.

Die eingelegten Birnen aus dem Sirup nehmen und trocken tupfen und in Würfeln schneiden. Den Sirup in einem Topf auf die Hälfte einkochen. Vollständig erkalten lassen.

Die frischen Birnen waschen, trocken tupfen, halbieren und entkernen. Mit den Aprikosen in Würfel schneiden. In einer Schüssel mit den restlichen Zutaten mischen. Eingelegte Birnen und Sirup unterheben. Anschließend in eine Auflaufform (etwa 23 × 23 cm) füllen und den Streuselteig darauf verteilen. Im Ofen auf der mittleren Schiene 45 Minuten backen, bis die Streusel goldgelb sind. Aus dem Ofen nehmen und auskühlen lassen.

Für die Mascarponecreme Mascarpone und Vanille in einer Schüssel mit den Quirlen des Handrührgeräts cremig rühren. Die Eier trennen. Eigelbe mit 80 g Zucker schaumig schlagen und behutsam unter den Mascarpone rühren. Die Eiweiße mit dem restlichen Zucker und 1 Prise Salz zu steifem Schnee schlagen und unter die Mascarponemasse heben. Creme zugedeckt 30 Minuten kühl stellen.

Die Mascarponecreme auf dem ausgekühlten Birnen-Crumble verteilen und etwas Rotweinsirup darübergeben.

High Tea Party

Was dem Deutschen sein Kaffeeklatsch oder das Teekränzchen ist, ist den Briten die Tea Party. Egal, wie wir es nennen – ich finde das Zelebrieren einer Tee- und Kaffeekultur als festen Bestandteil der Lebensart großartig.

Regelmäßig nachmittags zusammenzukommen, um bei warmen Getränken und kleinen Leckereien das Neueste zu bequatschen und einfach eine schöne Zeit miteinander zu verbringen, gehört zu meinen absoluten Lieblingsmomenten. Leider ist diese Sitte in unserem Alltag etwas verloren gegangen, weil die Schnelllebigkeit unserer Zeit solche Freiräume kaum noch erlaubt. Von daher sollten wir jede sich bietende Gelegenheit dazu nutzen und dürfen mit dem Feiern einer Tea Party ruhig ein bisschen retro sein. Aber Achtung: Die Gefahr, sich dabei bis in den späteren Abend hinein völlig zu verschnattern, ist zumindest bei uns zu Hause echt groß!

Für eine besonders mädchenhafte Optik dekoriere ich die Gewürzküchlein noch mit weißen und rosafarbenen Zuckerperlen.

APFEL-NUSS-GEWÜRZKÜCHLEIN

mit Frischkäsefrosting

Für die Gewürzküchlein:
190 g weiche Butter
300 g Zucker
3 Eier (Größe M)
375 g Apfelmus (selbst gemacht oder aus dem Glas)
270 g Mehl
100 g Vanillepuddingpulver
1½ TL Natron
3 TL Lebkuchengewürz
160 g gehackte Walnüsse
110 g Rosinen
110 g getrocknete Cranberrys
150 g weiße Kuvertüre-Drops
150 g Zartbitterkuvertüre-Drops
Salz

Für das Frosting:
170 g weiche Butter
230 g Puderzucker
1 Prise gemahlene Vanille
340 g Doppelrahm-Frischkäse

Für 12 Küchlein
ca. 30 Min. Zubereitung
ca. 20 Min. Backzeit

Für die Gewürzküchlein den Backofen auf 180 °C vorheizen. Eine 12er-Muffinform mit Backtrennspray einsprühen.

Butter und Zucker in der Küchenmaschine oder mit den Quirlen des Handrührgeräts weißcremig rühren. Die Eier einzeln dazugeben und unterrühren, dann weiterschlagen, bis die Masse ihr Volumen verdoppelt. Apfelmus unterrühren. Die restlichen Zutaten sowie ½ TL Salz in einer Schüssel mischen. Mit einem Teigschaber behutsam unter die Buttermischung rühren.

Den Teig in Mulden der Muffinform verteilen und im Ofen auf der mittleren Schiene bei 160 °C etwa 20 Minuten backen.

Für das Frosting die Butter mit dem Puderzucker und der Vanille in der Küchenmaschine oder mit den Quirlen des Handrührgeräts weißcremig rühren. Anschließend den Frischkäse so lange unterrühren, bis die Masse sich verbunden hat, aber nicht länger, da sie sonst gerinnt. Das Topping in einen Spritzbeutel füllen und auf die Gewürzküchlein dressieren.

„Der Teig lässt sich auch gut in einer großen Form backen (etwa 24 × 32 cm). Die Backzeit beträgt dann etwa 40 Minuten."

RUSSISCHE-ZUPFKUCHEN-MUFFINS

mit Vanillepudding-Quark

Für den Teig:
300 g Mehl
1 EL Backpulver
2 EL Kakaopulver
200 g Butter
150 g Zucker
1 Ei (Größe M)

Für die Füllung:
250 g Butter
250 g Zucker
3 Eier (Größe M)
500 g Speisequark
2 EL Vanillepuddingpulver

Außerdem:
Mehl für die Arbeitsfläche
Puderzucker zum Bestäuben

Für 12 Muffins
ca. 30 Min. Zubereitung
ca. 40 Min. Backzeit

Den Backofen auf 170 °C vorheizen. Eine 12er-Muffinform mit Backtrennspray einsprühen.

Für den Teig Mehl mit Backpulver und Kakao in einer Rührschüssel mischen. Die übrigen Zutaten hinzufügen und in der Küchenmaschine oder mit dem Knethaken des Handrührgeräts zu einem glatten Teig verarbeiten.

Auf einer leicht bemehlten Arbeitsfläche drei Viertel des Teigs gleichmäßig ausrollen und mit einem runden Ausstecher (etwa 10 cm Durchmesser) 12 Kreise ausstechen. Die Mulden der Muffinform mit den Teigkreisen auslegen.

Für die Füllung Butter und Zucker in der Küchenmaschine oder mit den Quirlen des Handrührgeräts weißcremig aufschlagen. Die Eier nach und nach dazugeben. Quark mit Puddingpulver in einer Rührschüssel mit den Quirlen des Handrührgeräts zu einer glatten Masse verrühren und unter die Butter-Ei-Mischung rühren.

Die Quarkmasse in die mit Teig ausgelegten Mulden füllen. Den übrigen Teig in kleine Stücke zupfen und auf der Füllung verteilen.

Die Muffins im Ofen auf der mittleren Schiene etwa 40 Minuten backen. Herausnehmen, 10 Minuten abkühlen lassen und die Muffins aus der Form nehmen. Zum Servieren mit Puderzucker bestäuben.

„Statt Muffins könnt ihr auch einen großen Kuchen in einer Springform (ca. 26 cm Durchmesser) backen. Die Backzeit beträgt dann etwa 60 Minuten."

Gluten-Empfindliche können sich freuen: Diesen Kuchen können sie ganz unbeschwert genießen.

GLUTENFREIER NUSS-MOHN-KUCHEN

mit Pflaumenmus

Für den Kuchen:
8 Eier (Größe M)
140 g Zucker
250 g Butter
½ TL gemahlene Vanille
80 g Puderzucker
250 g gemahlener Mohn
200 g gemahlene Haselnüsse
3 EL Rum
½ TL abgeriebene Schale von
1 Bio-Zitrone
1 Glas Pflaumenmus (225 g)

Für den Zuckerguss:
250 g Puderzucker
2–3 EL Zitronensaft
1 EL Pflaumenlikör

Für 1 Kuchen
ca. 25 Min. Zubereitung
ca. 15 Min. Backzeit

Für den Kuchen die Eier trennen. Die Eiweiße in der Küchenmaschine oder in einer sauberen, fettfreien Schüssel mit den Quirlen des Handrührgeräts auf mittlerer Stufe verrühren. Nach 1 Minute auf die höchste Stufe stellen und den Zucker langsam einrieseln lassen.

Den Backofen auf 180 °C vorheizen. Butter, Vanille und Puderzucker weißcremig rühren, die Eigelbe nach und nach unterrühren. Mohn, Haselnüsse, Rum und Zitronenschale unterrühren. Den Eischnee vorsichtig unter die Mohnmasse heben.

Drei Mini-Kastenformen oder 12 Muffinförmchen mit Backtrennspray einsprühen und den Teig einfüllen. Kuchen im Ofen auf der mittleren Schiene bei 160 °C 15 Minuten backen.

Herausnehmen, 5 Minuten in den Formen oder Förmchen abkühlen lassen, auf ein Kuchengitter legen und vollständig auskühlen lassen. In der Mitte durchschneiden und mit dem Pflaumenmus großzügig füllen.

Für den Zuckerguss den Puderzucker in eine Schüssel geben, nach und nach den Zitronensaft und Pflaumenlikör so lange mit einem Schneebesen unterrühren, bis eine glatte Masse entsteht. Den Zuckerguss gleichmäßig auf den Mini-Kuchen oder Muffins verteilen.

„Wenn ich gerade kein Pflaumenmus zur Hand habe, nehme ich einfach eine andere dunkle Konfitüre. Fein schmeckt zum Beispiel Kirschkonfitüre.“

Diese süßen kleinen Happen sind,
wenig überraschend, rasch verputzt,
sodass ich gerne oft die doppelte
Menge zubereite. Sie halten sich in
der Keksdose auch problemlos
1 bis 2 Wochen.

SCHOKOLADEN-KARAMELL-RIEGEL

mit gerösteten Cashewkernen

Für den Boden:
250 g Butterkekse
150 g Butter
4 EL Kokosraspel

Für die Füllung:
2 Dosen gezuckerte Karamell-Kondensmilch (à 397 g)
350 g Butter
240 g Zuckerrübensirup
200 g brauner Rohrzucker
250 g geröstete Cashewkerne

Für die Glasur:
300 g Zartbitterkuvertüre (Drops oder Callets)
250 g Sahne
100 g Mini Chocolate Crispearls

Für 6–8 Personen
ca. 40 Min. Zubereitung
ca. 40 Min. Kühlzeit

Für den Boden ein Backblech (20 × 30 cm) mit Backtrennspray einsprühen und mit Backpapier auslegen. Die Butterkekse im Blitzhacker oder in der Küchenmaschine fein zerkleinern und in eine Schüssel geben. Die Butter in einem Topf zerlassen und mit den Kokosraspeln zu den Butterkeksen geben. Mit den Händen verkneten, sodass sich alles verbindet. Die Mischung gleichmäßig auf dem Backblech verteilen und festdrücken, sodass ein ebenmäßiger Boden entsteht. Mit Frischhaltefolie abdecken und in den Kühlschrank stellen.

Für die Füllung alle Zutaten bis auf die Cashewkerne in einem Topf bei mittlerer Hitze unter gelegentlichem Rühren etwa 20 Minuten köcheln lassen, bis sich der Zucker komplett aufgelöst hat und die Masse leicht eingedickt ist. Die Cashewkerne grob hacken und unter die Karamellmasse rühren. Das Blech aus dem Kühlschrank nehmen und die Karamellmasse daraufgießen. Das Blech leicht schwenken, sodass sich der Karamell gleichmäßig verteilt. Zurück in den Kühlschrank stellen und fest werden lassen. Das dauert etwa 20 Minuten.

Für die Glasur die Zartbitterkuvertüre in eine Schüssel geben. Die Sahne zum Kochen bringen. Vom Herd nehmen und über die Schokolade gießen. Kurz stehen lassen und dann mit einem Teigschaber behutsam rühren, bis sich Schokolade und Sahne miteinander verbunden haben. Auf die feste Karamellschicht gießen, dabei darauf achten, dass sich die Schokolade gleichmäßig verteilt. Mit den Schokoladenperlen bestreuen und im Kühlschrank fest werden lassen. Das dauert etwa 20 Minuten.

Zum Servieren mit einem scharfen Messer in Riegel schneiden und bei Zimmertemperatur genießen.

„Fans der Kombi Salz und Karamell können statt der Cashewkerne geröstete, gesalzene Macadamianusskerne verwenden.“

SAFTIGE SCONES

mit zweierlei Schokolade und Pistazien

Für die Scones:
220 g Butter
100 g Zartbitterschokolade
80 g weiße Schokolade
100 g grüne Pistazienkerne
500 g Mehl
Salz
2 EL Backpulver
½ TL Natron
80 g Zucker
300 g Buttermilch
60 g saure Sahne
2 Eier (Größe M)
50 g Sahne

Außerdem:
Mehl für die Arbeitsfläche
350 g Heidelbeerkonfitüre
350 g English Clotted Cream oder Crème double

Für 16 Stück
ca. 30 Min. Zubereitung
ca. 10 Min. Kühlzeit
ca. 15 Min. Backzeit

Für die Scones die Butter in Würfel schneiden und im Tiefkühlfach eiskalt werden lassen. Zartbitterschokolade, weiße Schokolade und Pistazienkerne hacken.

Mehl, 1 TL Salz, Backpulver, Natron und Zucker in einer großen Schüssel mischen. Die Butterwürfel hinzufügen und mit den Fingerspitzen ins Mehl reiben, bis die Mehlmischung krümelig ist.

In einer weiteren Schüssel die Buttermilch, saure Sahne und die Eier verschlagen und anschließend auf die Mehl-Butter-Mischung gießen. Nur kurz vermischen, sodass die Zutaten sich gerade so verbinden. Schokoladensorten und Pistazien zum Teig geben und unterrühren.

Den Teig auf der bemehlten Arbeitsfläche vorsichtig zu einer Teigkugel formen – dabei nicht kneten. Bröselig ist der Teig genau richtig. Den Teig mit einem Nudelholz rechteckig ausrollen, nun zweimal wie einen Briefumschlag falten. Dafür das oberste Drittel zur Mitte umschlagen und das untere Drittel darauflegen. Anschließend die Seiten einschlagen und den Teig um 90 Grad drehen. Erneut ausrollen und den Vorgang wiederholen. Mit den Händen einen Kreis von 2 cm Dicke formen und mit einem Glas oder einem Ausstechring 16 Kreise ausstechen. Teigkreise 10 Minuten kühl stellen.

Den Backofen auf 190 °C vorheizen. Ein Backblech mit Backtrennspray einsprühen und mit Backpapier auslegen. Die Teigkreise auf das Backblech setzen. Die Oberseite mit Sahne bestreichen, dabei darauf achten, dass nichts an den Seiten herunterläuft, da die Scones sonst nicht perfekt aufgehen.

Die Scones im Ofen im oberen Drittel 12 bis 15 Minuten backen. Die Scones sollten leicht gebräunt und wunderbar aufgegangen sein. Aus dem Ofen nehmen und 10 Minuten auf einem Kuchengitter auskühlen lassen.

Die Scones halbieren und mit Konfitüre und Clotted Cream oder Crème double bestreichen. Den Deckel daraufsetzen und servieren.

KNUSPRIGE EIS-SANDWICHES

mit Marshmallows

150 g Rice Krispies oder Choco Krispies
3 EL getrocknete Sauerkirschen
3 EL Heidelbeeren (gefriergetrocknet)
2 EL Himbeeren (gefriergetrocknet)
90 g Butter
2 Msp. gemahlene Vanille
450 g Mini-Marshmallows
2 Becher Eiscreme (à 500 ml; Geschmack nach Wahl)

Für 12 Stück
ca. 40 Min. Zubereitung
mind. 2½ Std. Kühlzeit

Ein Backblech mit hohem Rand (20 × 30 cm) mit Backtrennspray einsprühen und mit Frischhaltefolie auskleiden.

Auf zwei große Schüsseln je 75 g Rice oder Choco Krispies, 1½ EL Sauerkirschen, 1½ EL Heidelbeeren und 1 EL Himbeeren verteilen und vermischen.

Für die erste Schicht des knusprigen Marshmallow-Bodens 45 g Butter und 1 Msp. gemahlene Vanille in einem Topf zerlassen. 225 g Marshmallows hinzufügen und unter ständigem Rühren bei mittlerer Hitze schmelzen. Den Topf vom Herd ziehen und sofort eine Hälfte der Rice- oder Choco-Krispies-Mischung dazugeben. Schnell verrühren, bis alles gleichmäßig verteilt ist.

In die vorbereitete Form füllen und festdrücken. Die Oberfläche sollte glatt und ebenmäßig sein. Mit Frischhaltefolie abdecken und zum Festwerden 30 Minuten in das Tiefkühlfach stellen.

Die Eiscreme in eine Schüssel füllen. Mit einem Teigschaber verrühren, bis das Eis cremig ist und sich gut streichen lässt.

Die cremige Eismasse gleichmäßig auf dem gekühlten Marshmallow-Boden verstreichen. Mit Frischhaltefolie abdecken und erneut 1 Stunde in das Tiefkühlgerät stellen.

Sobald das Eis wieder vollständig gefroren ist, die zweite Schicht Marshmallow-Masse herstellen. Dafür erneut wie oben beschrieben vorgehen und die fertige Masse auf der Eisschicht gleichmäßig verteilen und festdrücken. Mit Frischhaltefolie abdecken und sofort etwa 1 weitere Stunde in das Tiefkühlfach stellen.

Die Marshmallow-Eiscreme kurz vor dem Servieren aus dem Tiefkühlfach nehmen und mit einem scharfen Messer in 12 gleichmäßige Rechtecke schneiden.

Ein richtiger Hingucker werden die Flammeris beispielsweise durch herzförmige Förmchen oder andere Motivformen.

GRIESSFLAMMERI

mit Erdbeeren

Für die Flammeris:
500 g Sahne
1 Vanilleschote
½ l Milch
50 g Weichweizengrieß
7 Blatt Gelatine
5 Eigelb (Größe M)
140 g Zucker
5 EL Cointreau (Orangenlikör)
Saft und abgeriebene Schale von 2 Bio-Zitronen
Saft und abgeriebene Schale von 2 Bio-Orangen
Salz

Für das Erdbeerragout:
500 g reife Erdbeeren
5 EL Erdbeerkonfitüre
75 g Puderzucker
1 EL Zitronensaft

Für 6–8 Personen
ca. 30 Min. Zubereitung
ca. 1 Tag Kühlzeit

Die Flammeris am Vortag zubereiten. Dafür die Sahne halb steif schlagen und bis zur Weiterverwendung im Kühlschrank aufbewahren.

Die Vanilleschote längs aufschneiden und das Mark herauskratzen. Das Mark und die Schote mit der Milch aufkochen. Die Milch vom Herd nehmen und die Schote entfernen. Den Grieß unter Rühren hinzufügen und 10 Minuten quellen lassen.

In der Zwischenzeit die Gelatine in kaltem Wasser einweichen. Herausnehmen, ausdrücken und unter die Grießmasse rühren. Die Eigelbe mit dem Zucker verrühren und unter die Masse heben. Mit Cointreau, Saft und Schale von Zitronen und Orangen sowie 1 Prise Salz abschmecken. Die geschlagene Sahne behutsam unter die Masse heben und in zwölf einzelne Cannelé-Förmchen oder Mini-Cupcakeformen füllen. Über Nacht im Kühlschrank fest werden lassen.

Am nächsten Tag **für das Erdbeerragout** die Erdbeeren waschen, putzen und je nach Größe halbieren oder vierteln. Die Erdbeerkonfitüre in einem kleinen Topf sanft erhitzen. Puderzucker mit 170 g geputzten Erdbeeren und dem Zitronensaft fein pürieren und die flüssige Erdbeerkonfitüre unterrühren. Die restlichen Erdbeeren untermischen.

Die Backförmchen für ein paar Sekunden in heißes Wasser tauchen und die Flammeris auf Teller stürzen. Das Erdbeerragout daneben anrichten.

„Haben Erdbeeren gerade keine Saison, serviere ich die Flammeris auch gerne mit Orangen- oder Pflaumenkompott. Mit Schokosauce schmecken sie ebenfalls hervorragend.“

Ich liebe diese Pizza-Pesto-Brote! Schnell gemacht, kann man darin auch gut Reste verwerten.

PIZZA-PESTO-BROTE

mit Tomaten

2 Packungen frischer Pizzateig (aus dem Kühlregal; à 400 g)
Mehl für die Arbeitsfläche
250 g Pesto genovese (aus dem Glas)
100 g halb getrocknete Tomaten (in Öl)
100 g Tomatenketchup (möglichst aus getrockneten Tomaten)
50 g Taggiasca-Oliven (ohne Stein)
200 g geriebener Parmesan

Für 12 Brote
ca. 15 Min. Zubereitung
ca. 20 Min. Backzeit

Den Backofen auf 200 °C vorheizen. Eine 12er-Muffinform gleichmäßig mit Backtrennspray einsprühen.

Den Pizzateig auf der leicht bemehlten Arbeitsfläche ausbreiten und mit einem scharfen Messer in etwa 7 cm breite Streifen schneiden. Die Streifen leicht auseinanderlegen und mit Pesto bestreichen. Die Tomaten in Streifen schneiden und mit Ketchup, Oliven, getrockneten Tomaten und 150 g Parmesan gleichmäßig auf den Teigstreifen verteilen.

Die Streifen aufeinanderschichten, dabei darauf achten, dass der letzte Teigstreifen nicht mit der Füllung nach oben zeigt, sondern umgeklappt auf den Stapel gelegt wird. Leicht mit den Handflächen zusammendrücken.

Von dem gestapelten Rechteck mit einem scharfen Messer 3 bis 4 cm dicke Streifen abschneiden. Diese senkrecht in die Mulden der Muffinform setzen. Dabei etwas auseinanderdrücken, sodass man die einzelnen Schichten gut erkennen kann. Mit dem restlichen Parmesan bestreuen.

Pizza-Pesto-Brote im Ofen auf der mittleren Schiene etwa 20 Minuten backen. Die Brote aus der Form nehmen und warm servieren.

„Für eine würzigere, nicht vegetarische Variante könnt ihr die Pizzabrote noch mit italienischer Salami belegen.“

Für das Roastbeef:
1 kg Roastbeef (mit Fettdeckel)
2 EL Öl
1 Knolle Knoblauch
je 4 Zweige Thymian und Rosmarin
3 EL Butter

Für den Frischkäse:
1 Bund Rucola
50 g getrocknete Tomaten (in Öl eingelegt)
50 g Taggiasca-Oliven (ohne Stein)
20 g Kapern (Nonpareilles)
200 g Doppelrahm-Frischkäse
50 g Crème fraîche
30 g geriebener Parmesan
Salz · Pfeffer aus der Mühle

Für die Tramezzini:
1½ gelbe Zucchini
1½ grüne Zucchini
4 EL Olivenöl
12 Tramezzini-Brotscheiben (alternativ entrindetes Sandwichbrot)
3 Ochsenherztomaten
100 g Rucola
50 g gehobelter Parmesan

Für 6–8 Personen
ca. 45 Min. Zubereitung
ca. 40 Min. Garzeit

ROASTBEEF-TRAMEZZINI

mit gegrillter Zucchini und Tomaten-Rucola-Frischkäse

Für das Roastbeef das Fleisch 1 Stunde vor der Zubereitung aus dem Kühlschrank nehmen und trocken tupfen. Den Fettdeckel mit einem scharfen Messer diagonal gitterartig einschneiden.

Den Backofen auf 140 °C vorheizen. Das Öl in einer großen Pfanne erhitzen. Das Roastbeef darin bei starker Hitze rundum 5 bis 6 Minuten kräftig anbraten. Kurz vor Ende der Bratzeit den Knoblauch, die gewaschenen Kräuter und die Butter in die Pfanne geben.

Das Roastbeef mit der Fettschicht nach oben in einen Bräter setzen und die Butter mit den Kräutern und dem Knoblauch über dem Fleisch verteilen. Den Bräter in den Ofen schieben. Ein Bratenthermometer in die dickste Stelle stecken und das Roastbeef offen 35 bis 40 Minuten braten. Das Fleisch ist fertig gegart (medium), wenn das Thermometer 56 °C anzeigt.

Das Roastbeef aus dem Ofen nehmen und in Alufolie wickeln. 10 bis 15 Minuten ruhen lassen und anschließend mit einem langen, scharfen Messer quer zur Faser in dünne Scheiben schneiden. Für die Sandwiches werden etwa 18 Scheiben benötigt, ggf. restliches Fleisch anderweitig verwenden.

Für den Frischkäse den Rucola verlesen, waschen und trocken schütteln, grobe Stiele entfernen. Die Blätter grob schneiden. Die getrockneten Tomaten und Oliven klein schneiden. Kapern hacken.

Frischkäse und Crème fraîche in einer Schüssel glatt rühren. Alle Zutaten unter den Frischkäse rühren und mit Salz und Pfeffer würzen.

Für die Tramezzini die Zucchini putzen, waschen und längs in 1 cm dünne Scheiben schneiden. Olivenöl in einer Pfanne erhitzen und die Zucchini darin auf jeder Seite 1 bis 2 Minuten braten. Auf Küchenpapier abtropfen lassen.

Die Hälfte der Tramezzini-Brotscheiben mit dem Frischkäse bestreichen. Die Tomaten putzen, waschen und in Scheiben schneiden. Den Rucola verlesen, waschen und trocken schütteln, grobe Stiele entfernen. Die Brotscheiben mit Salat, Tomatenscheiben, Parmesan, gegrillter Zucchini und Roastbeef belegen. Mit den übrigen Brotscheiben bedecken. Jedes Sandwich fest zusammendrücken und mit einem scharfen Messer diagonal halbieren.

Sollte mal keine Zeit für die Zubereitung des Roastbeefs sein, könnt ihr auch beim Metzger eures Vertrauens fertig gegartes Roastbeef kaufen.

THUNFISCH-SANDWICH

mit gegrillten Frühlingszwiebeln, Avocado und Ei

Für die Thunfischcreme:
300 g Thunfisch (im eigenen Saft; MSC-Siegel beachten, siehe Tipp)
3 EL Kapern (Nonpareilles)
2 TL Rauchmandeln (Fertigprodukt)
1 Bund Schnittlauch
100 g Ricotta
60 g Mayonnaise (aus dem Glas)
2 EL Café-de-Paris-Gewürzmischung
Saft und abgeriebene Schale von 1 Bio-Zitrone
Fleur de Sel

Für das Sandwich:
4 Eier (Größe L)
1 Bund Frühlingszwiebeln
2 EL Olivenöl
Fleur de Sel
2 Avocados (nicht zu reif)
3 Ochsenherztomaten
3 Römersalatherzen
12 Tramezzini-Brotscheiben (alternativ entrindetes Sandwichbrot)

Für 6–8 Personen
ca. 35 Min. Zubereitung

Für die Thunfischcreme den Thunfisch abtropfen lassen, in eine Schüssel geben und klein zupfen. Die Kapern und die Mandeln hacken. Den Schnittlauch waschen, trocken schütteln und in feine Röllchen schneiden. Alles mit den restlichen Zutaten zum Thunfisch geben und zu einer Creme verarbeiten. Mit Fleur de Sel würzen.

Für das Sandwich die Eier in kochendem Wasser 8 Minuten garen, kalt abschrecken, pellen und in gleichmäßige Scheiben schneiden.

Frühlingszwiebeln putzen, waschen und quer halbieren. Olivenöl in einer Pfanne erhitzen und die Frühlingszwiebeln darin rundum 2 bis 3 Minuten braten. Mit Fleur de Sel würzen und auf Küchenpapier abtropfen lassen.

Avocados halbieren, jeweils den Stein entfernen und die Hälften schälen. Fruchtfleisch dritteln und in einer heißen Pfanne ohne Öl 2 Minuten auf beiden Seiten anbraten. Die Tomaten waschen und in Scheiben schneiden. Die Salatherzen putzen, waschen und halbieren.

6 Tramezzini-Brotscheiben großzügig mit der Thunfischcreme bestreichen. Mit Salat, Tomatenscheiben, gegrillten Avocadospalten, Frühlingszwiebeln und Eiern belegen. Mit den übrigen Brotscheiben bedecken. Jedes Sandwich fest zusammendrücken und mit einem scharfen Messer diagonal halbieren.

„Das MSC-Siegel steht für nachhaltige Fischerei. Die gemeinnützige Organisation MSC (Marine Stewardship Council) will den Schutz der Fischbestände sichern und die negativen Auswirkungen auf das Ökosystem Meer durch die Fischerei so gering wie möglich halten."

Wer einen eigenen Garten hat, kann sich glücklich schätzen und jede Art von Party an warmen Tagen gleich ins Freie verlegen. Das fühlt sich dann fast an wie im eigenen Paradies.

REGISTER

Danksagung

Am Ende eines solchen Projekts ist es auch höchste Zeit, noch mal allen Personen zu danken, die dieses Projekt mit mir zusammen verwirklicht haben.

Da geht mein allererster und größter Dank natürlich an meinen Verlag! Vielen Dank, dass ihr den Mut hattet und mit mir dieses wunderschöne Buch gemacht habt.

Herzlichen Dank meinen Eltern, Brit und Thomas, für alles, was sie mir ermöglicht haben, die unendliche Geduld und starken Nerven, die sie bei all meinen Spinnereien immer brauchen. Dafür empfinde ich endlose Dankbarkeit!

Ein großes Danke an meine Großeltern, ohne die der Genussbauernhof Baldenhain nicht so ein bezaubernder Ort wäre.

Danke dir ganz herzlich, meine liebe Ulrike – ohne dich wäre das Buch wahrscheinlich gar nicht erst entstanden.

Jo und Petra, danke euch für diese wunderschönen Fotos, tollen Momente und das entspannte Zusammenarbeiten!

Ein herzliches Dankeschön auch an meine Freunde und Fotomodels: Antje, Katja, Julie, Sina, Anika, Oli, Ines, Erik, Michael, Steps, Friedel, Igor, David, Fatih und Christian ... für die schönen Abende und eure Geduld mit mir und den Fotografen! Dank euch ist dieses Buch zum Leben erweckt worden.

Und da das Beste immer zum Schluss kommt, möchte ich mich natürlich auch bei Andreas von Herzen bedanken – meinem besten Freund, Partner, Essensverkoster und meiner großen Liebe!

Vielen Dank an alle – ich weiß das sehr zu schätzen!

IMPRESSUM

Kaiserstraße 14 b
D-80801 München

ISBN 978-3-89883-875-7
1. Auflage 2019

Projektleitung: Eva-Maria Hege
Texte: Ulrike Kraus
Lektorat: Edelgard Prinz-Korte
Redaktionelle Mitarbeit: Isabella Thiel
Grafik & Satz: Irene Schulz
Fotografie: Jo Kirchherr
Fotoassistenz: Petra Blank
Foodstyling und Styling: Lisa Angermann
Herstellung: Frank Jansen
Producing: Jan Russok
Druck & Bindung: optimal media GmbH, Röbel

Kurze Wege schonen die Umwelt
Dieses Buch wurde in Deutschland gedruckt

Im Buch enthaltene Foodfotos können zur eigenen Nutzung erworben werden unter www.stockfood.com

Die ZS Verlag GmbH ist ein Unternehmen der Edel AG, Hamburg.
www.zsverlag.de
www.facebook.com/zsverlag